COLLECTION SOMBRES CLIMATS

SOMBRES CLIMATS : *Ensemble des conditions dans lesquelles on vit, et qui ne laissent aucune place à l'espoir.*

Larousse

1. *MESSAGE COFACE À PÉKIN*
Remi Gedoie

2. *LA NOTE NOIRE*
Hervé Mestron

3. *INTIMITÉ D'OGRESSE*
Sylviane Doise

4. *C'EST JUSTE UNE BALADE AMERICAINE*
Guillaume Nicloux

5. *MEZCAL TERMINAL*
Bertrand Delcour

6. *MONSIEUR CHANCE*
Guillaume Nicloux

7. *LES ABOIS*
Bertrand Delcour

8. *COTÉ JARDIN*
Alain Monnier

9. *PASSAGE À TÉMOIN*
Brigitte Martinez

10. *AVEC LES LOUPS*
Lilian Bathelot

11. *OFF*
Patrice Lelorain

12. *SPÉCIAL DÉDICACE*
Lilian Bathelot

13. *LA THÉORIE DU K.O.*
Lilian Bathelot

14. *PETIT CARNET DE FAITS DIVERS*
François Trotet

DU MEME AUTEUR :

Henri Michaux ou la sagesse du Vide, essai, Albin Michel, 1992.
Le Chant du Griot, roman, L'Harmattan, 1997.

PETIT CARNET DE FAITS DIVERS

François Trotet

PETIT CARNET DE FAITS DIVERS

CLIMATS

34170 – CASTELNAU-LE-LEZ

1. CIMETIÈRE

Il y a presque une dizaine d'années qu'il n'a pas pénétré dans l'enceinte d'un cimetière.

En fait depuis l'enterrement de Mylène, une fin de février, à Bordeaux où le corps avait été transporté depuis la Bretagne. Après l'accident de la falaise… À quelques semaines de la naissance du gosse.

Huit mois avant, il y avait eu, aussi, l'enterrement de Paul, après sa noyade dans la piscine. Au tout début de l'été.

Et puis, encore avant, à Talence, celui de ses parents, disparus dans un accident de voiture, sur une petite route du Lot. Pour lui, le tout premier face à face avec la mort. Un face à face brutal qui l'avait plongé dans une solitude angoissante et désespérée.

Tout en longeant le haut mur d'enceinte en grosses pierres taillées, véritable rempart destiné à cacher au regard des vivants l'inanité de leur existence, il se remémore l'événement qui a fait basculer sa vie…

Il se souvient du premier choc ressenti lorsque le couple de gendarmes, style Laurel et Hardy, lui avait annoncé l'événement.

« Nous avons une très triste nouvelle pour vous, jeune homme… », avait répété plusieurs fois, en guise d'introduction, sur un ton bourru et presque paternel, Hardy, moustachu et rougeaud. Il avait exagérément fait rouler les « r » comme pour tenter d'alléger la sentence qu'il allait devoir prononcer. Et l'autre, Laurel, de hocher tristement la tête sans rien dire.

C'était un dimanche, en milieu d'après-midi. Un de ces dimanches froids et secs de janvier, avec une lumière tranchante, un air vif et piquant.

Ses parents étaient partis tôt, le matin, sans le réveiller. Ils allaient déjeuner chez une vieille cousine, dans le Lot. La cousine Albertine.

L'avant-veille, il avait prétexté une série de cours à réviser, en philo et en anglais, afin de ne pas avoir à les accompagner chez cette Albertine acariâtre qui ne ratait aucune occasion de lui lancer mille regards réprobateurs sur sa tenue et ses manières. En fait sur sa jeunesse insolente dont il la sentait jalouse.

Il ne s'était donc levé que vers midi et il avait savouré les deux croissants qui l'attendaient, sur la table de la cuisine, soigneusement enveloppés dans un fin tissu blanc, avec un petit mot posé dessus :

Bonne journée, mon chéri. Travaille bien. Pour le déjeuner, il y a un plat au four à réchauffer. Nous ne rentrerons pas tard. Nous t'embrassons. Maman.

Mais ce qu'il avait par-dessus tout savouré, c'était cette plage de silence, de solitude et de liberté qui lui était offerte.

Il avait traînassé un bon moment, puis, en début d'après-midi, il avait mis en marche le magnétoscope et y avait glissé la cassette porno que lui avait prêtée, pour l'occasion, Martin, un de ses copains de lycée.

C'est qu'il avait invité Mylène, une camarade de classe, celle qui n'avait pas froid aux yeux, la « coureuse » de la Terminale C, à passer quelques heures avec lui. Il en était follement amoureux.

Mais la petite garce s'était défilée. La veille au soir. Par un coup de fil.

Il avait vite compris qu'elle en avait trouvé un autre avec qui passer son après-midi du dimanche.

Elle ne se sentait pas très bien, lui avait-elle dit. Puis, en confidence, elle avait murmuré que c'était son jour de menstruation. Qu'elle en était désolée. Qu'il y aurait bien une autre occasion, avant la fin de l'année, de passer un moment ensemble. Qu'en plus elle venait de promettre à sa petite sœur de l'aider à faire ses devoirs de maths. Elle l'embrassait très fort, très très fort. Vraiment très fort.

Vexé, il avait raccroché. Assez brutalement. La rage au cœur.

Et il s'était juré de découvrir qui était ce rival. Il y mettrait le temps qu'il faudrait, mais il finirait bien par découvrir de qui il s'agissait.

Il s'était donc retrouvé seul à visionner cette foutue cassette. Elle durait quelque trente à quarante minutes.

Ce devait être la seconde fois qu'il la passait, fasciné, malgré lui, par la taille impressionnante du membre du principal protagoniste et par les halètements de plaisir des deux femmes que ce dernier soumettait à ses désirs.

Allongé, en slip, sur le sofa du salon, se flattant nonchalamment le sexe, il avait soudain entendu une voiture s'arrêter devant la villa. Des claquements de portières avaient suivi. Puis un coup de sonnette.

Il avait sauté sur ses pieds, renfilé son pantalon de pyjama et retiré hâtivement la cassette du magnétoscope avant d'aller jeter un coup d'œil par la fenêtre.

Une voiture bleue avec un gyrophare sur le toit était stationnée devant la grille. Deux gendarmes se tenaient là, sur le trottoir, discutant.

Quand la sonnerie avait retenti pour la deuxième fois, il avait de nouveau sursauté, comme bêtement pris en faute. Il était allé rapidement se regarder dans le miroir de la salle à manger, puis, rassuré de constater que son trouble ne transparaissait pas, il avait enfin ouvert.

Face aux deux hommes, il s'était senti gauche, mal à l'aise, bien que ceux-ci parussent l'être encore plus que lui.

Ils avaient commencé par lui serrer la main, avec un grand sourire qui se voulait chaleureux. Puis le gros lui avait dit ce qu'il en était : l'accident ; ses parents dans un état grave ; le coup de téléphone de la gendarmerie de Souillac, dans le Lot, pour les prévenir. Il fallait qu'il les accompagne, sur le champ, au commissariat. Qu'il s'habille et qu'il pense à bien fermer la maison. Ils l'attendraient dans la voiture.

Le soir, de retour chez lui, après les toutes premières tracasseries administratives qui en laissaient présager d'autres à venir, il s'était à nouveau retrouvé seul dans la villa sombre et silencieuse.

Sa cousine lui avait dit, au téléphone, qu'elle serait là, dès le lendemain. Elle avait insisté auprès du gendarme qui lui avait parlé un long moment pour qu'on ne le laissât pas seul. Il avait compris qu'on lui taisait encore la mort de ses parents. On s'en tenait à « l'état grave », au « pronostic réservé »…

Il avait obstinément décliné l'invitation à dîner du gendarme Hardy, mettant celui-ci dans l'embarras. Ayant cependant constaté que l'adolescent ne semblait pas trop effondré par la nouvelle et qu'il paraissait même assez « solide », le gendarme avait finalement accepté de le raccompagner chez lui et de l'y laisser seul. Non sans lui avoir donné son numéro de téléphone personnel, lui demandant d'appeler, quelle que fût l'heure, en cas de besoin, si, par exemple, ne se sentant pas bien, il n'arrivait pas à dormir et avait envie de parler à quelqu'un.

Il avait promis de ne pas hésiter à le faire. Mais il savait déjà qu'il n'appellerait qui que ce fût à son secours.

Ce qu'il souhaitait, avant tout, c'était se retrouver à nouveau seul.

Une fois que la voiture se fut éloignée et qu'il eut fait le tour de la maison pour fermer, un à un, les volets, comme il avait vu faire son père, il s'était senti, d'un seul coup, saisi d'une angoisse qui lui avait noué la gorge et le ventre. Une angoisse viscérale, à faire hurler.

Le silence de la maison lui avait paru intolérable.

Il avait tourné un moment dans les pièces, les allumant et les éteignant tour à tour, poussant de petits gémissements incontrôlés.

Ensuite, presque machinalement, pour tenter de tromper cette angoisse qui le tenaillait, il s'était déshabillé, s'était affalé devant le téléviseur et il avait remis dans le magnétoscope la cassette porno de son copain Martin.

Dès les premières images, il avait alors commencé à se masturber frénétiquement, avec l'énergie du désespoir. Et il l'avait fait jusqu'à épuisement.

Dans ses éjaculations à répétition qui l'avaient laissé, à chaque fois, pantelant, il lui avait semblé expulser hors de soi à la fois sa douleur présente et toutes ses angoisses passées. Il avait râlé de plaisir et de souffrance, les yeux rivés sur ces corps qui, à l'écran, s'agitaient en haletant.

La vision de cette verge énorme fourrageant dans les sexes béants avait empli le vide vertigineux qui s'était creusé en lui, ramenant son être à cette matérialité opaque et brute, à cette bestialité abstruse d'où toute pensée, enfin, est exclue.

Cela avait été pour lui comme un rituel de mort qu'il aurait soudain découvert.

Chaque secousse de jouissance arrêtait net le temps.

Il rejoignait alors une sorte de néant. Le sien. Celui de ses parents, aussi.

Le lendemain, en milieu de journée, la cousine Albertine était arrivée. Par la fenêtre du salon, il l'avait vu descendre du taxi, se faire porter la valise jusqu'à la grille. Puis le chauffeur était remonté dans son véhicule et avait démarré. Alors seulement la sonnette avait retenti. Deux coups brefs.

Albertine ne se perdit pas en lamentations inutiles. Elle lui confirma d'emblée ce qu'il avait pressenti : le double décès accidentel.

Se sentant responsable de lui, Albertine, malgré son âge, avait fait preuve d'une efficacité sans pareille. Elle s'en était même trouvée rajeunie.

Elle s'était occupée de tout, ne lui laissant pour charge que celle de pleurer ses parents comme il le fallait et de formuler, sous son contrôle, les prières adéquates pour le repos de leurs âmes.

À l'enterrement, il avait serré les mains de personnes qu'il ne connaissait pas. Plusieurs l'avaient embrassé. Il s'agissait de lointains cousins dont il ignorait l'existence et qui étaient d'ailleurs repartis aussitôt après la cérémonie.

Il n'avait pas versé de larmes. Il n'en avait déjà plus à verser.

Livré à Albertine, il avait dû très vite reconnaître que la vieille cousine avait cessé d'être le monstre qu'il redoutait pour devenir une femme sensible et attentive, avec même, parfois, des attentions qui le mettaient légèrement mal à l'aise car elles témoignaient d'une sorte de tendresse amoureuse à laquelle il ne savait comment répondre.

Grâce à elle, il put terminer, dans des conditions acceptables, son année scolaire et décrocher le bac.

Sans doute Albertine avait-elle interprété le tragique événement comme un signe de la providence. Une sorte de grâce divine qui lui aurait été enfin accordée, sur le tard. Ses trois pèlerinages à Lourdes n'avaient pas été vains. Elle avait enfin auprès d'elle le fils dont elle avait toujours rêvé et qu'une stérilité tenace ne lui avait permis ni d'enfanter,... ni d'élever, le mari d'Albertine, un certain Maurice, que lui n'avait pas connu, étant contre le principe de l'adoption.

Il avait appris, par la suite, les causes de l'accident.

Son père, selon le rapport médical établi dès l'arrivée de celui-ci à l'hôpital, portait, à la paupière supérieure gauche, le gonflement caractéristique et la marque d'une piqûre d'abeille, de guêpe ou de frelon.

Lui seul savait qu'il s'agissait d'une guêpe.

Il l'avait vue, la veille au soir, vibrant contre la lunette arrière, à l'intérieur de la voiture. Il l'avait même longuement contemplée, interrompant le lavage qu'il effectuait au jet, à la demande expresse de son père.

Il avait donc regardé la guêpe, étonné d'en voir une à cette époque de l'année. Il lui avait trouvé des yeux féroces et cruels.

Il avait en horreur ces bestioles au vol incontrôlé, qui piquent par surprise, sans que l'on s'y attende.

Au dîner, lorsque son père lui avait demandé si la voiture était propre, il avait répondu sans hésiter qu'elle l'était. Taisant le fait qu'il n'en avait pas, comme il eût dû le faire, nettoyé l'intérieur.

Il arpente un moment les allées désertes du cimetière, jetant des coups d'œil distraits sur les tombes et les plaques funéraires.

Il a salué, près de l'entrée, un gardien armé d'une fourche, occupé à faire brûler un tas de feuilles et de branches mortes.

Plantés à distance régulière, les cyprès se dressent. Altiers, d'un vert sombre. Tirant vigueur de la putréfaction de tous ces corps dont les squelettes sont noués aux racines.

Un soleil timide rayonne, entre deux nuages. Il fait doux et humide.

Il ouvre à demi le devant de son blouson.

Il est sûr de trouver la tombe de Carmen au long de l'une des allées transversales, au fond du périmètre. Parmi les nouvelles sépultures.

Quelques couronnes mortuaires défraîchies pendent lamentablement à des croix déjà rouillées, comme de vieilles chambres à air. Ici et là, des fleurs en plastique que les intempéries ont noircies sont encore fichées dans des vases recouverts de mousses et de lichens. Partout, les témoignages usés de visiteurs gagnés par l'oubli du passé.

Parvenu au bout de l'allée tracée, il repère aisément la tombe, sur la gauche. « Sa tombe ». C'est l'une des dernières.

Il la repère aux couleurs vives des bouquets de fleurs, naturelles ou artificielles, qui la recouvrent. Ce sont là des couleurs très espagnoles : le rouge et le jaune y dominent.

Il s'en approche à pas lents. C'est bien elle.

Une pierre tombale toute simple, peinte en blanc, surmontée d'une croix, à laquelle l'amas de fleurs coupées, encore fraîches, donne un air printanier.

Carmen Sanchez Delgado
1959–1998

Sur la croix, un Christ se tord de douleur et d'affliction.

Une photo de la défunte est collée à l'intérieur d'une petite vitrine enchâssée qui comporte également un chapelet, un missel entrouvert et une petite lampe à huile dont la flamme courte tressaute.

Sur le portrait, Carmen sourit, jeune et replète. Elle sourit à la vie, à l'avenir. Rien à voir, se dit-il, avec le visage grimaçant qui lui revient parfois, dans certains de ses mauvais rêves.

Trois couronnes mortuaires sont posées là, avec, chacune, un large ruban. L'un porte les infinis regrets des employés de l'Uniprix, l'autre les pensées attristées des collègues du Multi-Ciné.

Sur le troisième ruban, enfin, est écrit, en lettres dorées :

« À notre mère chérie »

À côté de la tombe de Carmen, il y en a successivement trois autres, construites sur le même modèle. Elles achèvent la rangée.

Elles sont vierges de tout nom, de toute date ; pour un temps encore, anonymes.

Il s'écarte. Il ne tient pas à s'attarder. Un malaise diffus s'est mis à le gagner.

Il lui semble sentir un regard peser sur lui. Il en a un frisson.

Toujours cette même petite sensation de brûlure. Au bas de la nuque.

Il tente de se raisonner, mais en vain. Il se retourne alors, brusquement.

Il scrute les alentours. Ne voit personne.

Vers le fond du cimetière se trouve un grand espace recouvert d'herbes hautes que le vent agite doucement. Une rangée de jeunes cyprès le borde.

Tout est calme, très calme.

Trop calme, se dit-il soudain.

Le grondement sourd d'un avion lui fait lever la tête.

Il s'en veut d'être là. Il pense subitement qu'il aurait mieux fait de ne pas venir…

La sensation d'un regard qui pèse sur lui ne le quitte plus.

Au fond du cimetière, les hautes herbes s'agitent toujours au vent.

2. *PISCINE*

On leur a dressé une table sur la terrasse qui domine le jardin en pente et la piscine.

Il fait doux. Une belle soirée de juillet.

Tandis qu'ils prenaient l'apéritif, la nuit est tombée. Un léger souffle est alors venu agiter les branches des saules qui bordent les allées du jardin et les grands arbres du fond. Le bord des nappes blanches se soulève par moments.

Un haut-parleur diffuse une musique sucrée. Les lampadaires en forme de gros champignons blancs, plantés ici et là parmi les plates-bandes, se sont allumés, tous ensemble, faisant émerger de l'ombre les buissons les plus proches et quelques massifs de glaïeuls.

La piscine est devenue un grand rectangle noir cerclé de blanc.

Le dîner a commencé, dans les éclats de voix et dans les rires.

Ils sont les seuls à manger dehors.

Martin et Hervé sont les plus excités de tous. La mention qu'ils ont décrochée au bac y est sans doute pour quelque chose.

Deux serveurs s'occupent d'eux.

Un troisième vient parfois faire office de sommelier.

Ils ont commandé, l'avant-veille, un menu spécial. Il leur est servi dans les règles de l'art. C'est Martin et Stéphane qui l'ont composé. De la bonne cuisine bordelaise, avec une pointe de Périgord...

De temps à autre, le patron sort sur la terrasse s'enquérir s'ils ne manquent de rien.

Hélène a un rire haut perché. L'apéritif lui est vite monté à la tête. Elle est assise entre Martin et Stéphane. Martin a l'air de l'entreprendre, à coups d'histoires grivoises.

Lui, il a pris place en bout de table. Il peut ainsi les observer tous.

Il ne participe guère aux éclats de rire des autres. Il paraît préoccupé. Il ne se laisse aller ni à parler ni à boire autant que ses camarades.

Mylène est à sa droite, Sébastien à sa gauche.

Paul accapare Mylène, Sébastien fait les yeux doux à Christelle.

Ils sont trois esseulés : Stéphane, Hervé et lui.

On leur a d'abord servi les huîtres. Ensuite, après un premier changement d'assiettes, le saumon fumé. Puis le foie gras. Tout ce début de repas a été arrosé au champagne brut.

Il ne suit pas les conversations qu'ils se tiennent entre eux. Il se contente de les fixer du regard, à tour de rôle. Mais ses yeux reviennent plus fréquemment se poser sur Paul... et sur Mylène.

Elle est fraîche et séduisante. Comme toujours. Son échec au bac ne semble pas lui avoir causé le plus léger chagrin. Elle est là, souriante, réjouie par la réussite de ses camarades.

Elle porte un petit chemisier rouge qu'il lui a déjà vu. Elle a mis à ses oreilles des boucles fantaisies, d'un rouge plus vif. De temps en temps le vent soulève les mèches brunes de ses cheveux.

Paul a une chemisette blanche qui fait ressortir son bronzage.

Depuis le début du repas, il lui parle à voix basse.

Elle l'écoute, attentive. Elle sourit souvent, lui répond parfois par un léger haussement d'épaules ou par un hochement de tête amusé, rarement par des mots.

Elle doit très prochainement partir en vacances dans le Midi, avec ses parents. Paul a promis d'aller l'y rejoindre, en stop, et de camper non loin de là où elle se trouverait.

Il sait tout cela.

De temps à autre, il les quitte du regard pour s'absorber dans la contemplation du jardin. L'ombre et la lumière y dessinent d'étranges formes géométriques.

Le vent léger qui lui arrive de biais lui apporte un peu du parfum de Mylène.

On leur a ensuite servi le confit de canard.

À un moment, Mylène s'est tourné vers lui et lui a posé une question. En rapport avec les vacances.

Il a vu ses joues enflammées par l'alcool et ses yeux brillants. Une bouffée de désir pour elle lui a serré le cœur. Troublé, il a éludé la question. Puis il s'est senti bête et, pour se donner une contenance, il a saisi son verre et a bu une longue gorgée de Cahors.

Elle a paru étonnée de son silence. Elle a posé une main sur son bras et lui a gentiment demandé si quelque chose n'allait pas. S'il pensait toujours à la mort de ses parents.

Il s'est senti rougir. Il a bafouillé quelques mots sans suite.

Paul lui a lancé une plaisanterie qu'il n'a pas comprise.

Il s'est cru tenu de sourire.

Puis Paul a de nouveau accaparé l'attention de Mylène.

Lui, il est retombé dans son silence et ses pensées, mais le malaise a mis du temps à s'estomper.

À un autre moment, Mylène s'est agitée sur sa chaise en poussant un petit rire. Il a compris que Paul devait l'entreprendre par des caresses, sous la table.

Il s'est levé, a quitté la terrasse et a pénétré dans la grande salle climatisée du restaurant.

Il y a du monde. Le service bat son plein. Un serveur lui indique la porte des toilettes.

À l'instant où il va la pousser, celle-ci s'ouvre et un gros type rougeaud sort, la main sur le dernier bouton de la braguette, le bousculant au passage sans même un mot d'excuse.

Bien que, depuis le début de la soirée, il ait veillé à ne pas trop boire, il sent tout de même les effets de l'alcool.

Il va au lavabo, ouvre le robinet d'eau froide, humecte son visage. Puis il se regarde un moment dans le miroir. Les éclats de voix des clients dans la salle lui parviennent, assourdis. Il remet de l'ordre dans les longues mèches de ses cheveux.

Il se dit que les choses sont mal engagées. Qu'il va avoir du mal à parvenir à ses fins. Au moment du café, peut-être…

Lorsqu'il regagne la terrasse, il se sent un peu mieux.

Il reprend place à table. Personne ne semble s'être aperçu de son absence.

Les serveurs ont changé, une fois de plus, les assiettes. Ils sont en train de servir le dernier plat. Des tranches de gigot accompagnées de flageolets.

Ils viennent vers lui pour qu'il se serve.

Au même instant, Paul lance à la cantonade une plaisanterie.

– Si vous ne savez pas nager, dit-il, rien de mieux qu'une bonne assiettée de fayots. Ça vous aide à flotter. C'est la bouée de sauvetage du pauvre.

Quelques rires ont fusé.

D'un coup, il saisit qu'il tient là une opportunité.

Sans laisser à personne le temps de reprendre la parole, il s'est adressé à Paul et lui a dit :

– Chiche. Je te prends au mot : on vide à nous deux le plat de fayots puis on fait un plongeon dans la piscine et l'on verra lequel des deux résistera le plus longtemps à la poussée des fayots en restant au fond…

Martin et Hélène partent d'un grand éclat de rire. Mylène lui lance un regard étonné. C'est la première fois qu'il se manifeste depuis le début du repas.

Paul le fixe un instant, sans rien dire, étonné lui aussi. Il a dans le regard une lueur de malice.

– Chiche, dit-il finalement en levant son verre.

Ils trinquent tous les deux.

Hélène bat des mains comme une petite fille. Sébastien a tourné la tête en direction du jardin, il regarde la piscine.

Christelle annonce que c'est elle qui prendra les paris.

Paul s'adresse alors aux serveurs qui sont sur le point de repartir et leur crie, exagérément fort :

– Eh, là, attendez ! Par ici le plat de fayots…

Les serveurs se retournent puis se lancent un regard entendu.

Tandis que l'un emporte les restes de gigot, le second revient poser le plat de flageolets.

Paul fait la moue.

– Il n'en reste pas lourd… Pouvez-vous nous en apporter un supplément, s'il vous plaît ?

– Tout de suite, monsieur, répond le serveur avec un sourire forcé.

Paul charge Mylène d'être l'arbitre de l'épreuve.

Stéphane déclare qu'il chronométrera le temps de l'immersion.

Tous s'excitent.

Ils tiennent enfin l'événement marquant de leur soirée.

Le serveur a apporté un nouveau plat de flageolets…

Il a dû, en passant, prévenir son patron que l'ambiance, à la table en terrasse, commençait à se dégrader légèrement. Celui-ci vient voir, comme si de rien n'était, si tout va bien.

– Alors les jeunes, lance-t-il. On a bien mangé ?

Un chœur d'approbation fait écho à sa question.

Hélène, sur un ton haut perché, lui demande s'ils peuvent faire un plongeon dans la piscine.

Le patron leur sourit, débonnaire.

– Un petit bain de minuit, dit-il. Bien sûr. Je vais vous faire porter des serviettes.

Martin lui propose de boire un verre avec eux. Il refuse poliment d'un geste de la main, dit qu'il est débordé, qu'il le regrette mais qu'il doit s'occuper des clients de la salle, et il se retire.

Ils ont vidé à eux deux le plat de flageolets. Mylène a compté six assiettées de part et d'autre.

Lui n'en peut plus. Il a l'impression que son ventre va éclater. Il redoute que Paul ne rappelle un serveur pour se faire apporter encore un plat. Mais Paul, visiblement, est aussi gavé que lui.

Les autres les ont encouragés à coup de plaisanteries douteuses.

Un serveur est venu discrètement déposer des serviettes sur la rambarde de la terrasse, près des marches conduisant au jardin.

Il n'a pas réussi à faire adopter sa proposition de ne commencer l'épreuve qu'après le café. Tous veulent qu'elle ait lieu avant le dessert.

Ils ont quitté la table, en poussant des cris et des rires.

En un joyeux cortège, ils ont descendu les marches, puis les allées menant à la piscine.

Paul a pris Mylène par les épaules. Martin et Hélène se tiennent par la main, et, tout en marchant, ils se font de petites bises dans le cou. Hervé tient les serviettes d'une main, son verre de Cahors de l'autre.

Ils se sont tous retrouvés sur le bord carrelé de la piscine.

L'eau a la noirceur du goudron. Quelques reflets d'argent l'irisent, çà et là, comme des veinules sur une peau.

Paul et lui se déshabillent. Ils déposent leurs vêtements sur le dossier d'un banc. Lui replie son pantalon soigneusement pour ne pas risquer de casser le petit flacon qui se trouve dans l'une de ses poches. Il a subtilisé la veille au soir un peu de ce liquide incolore que la cousine Albertine prend au compte-gouttes sur les conseils du cardiologue…

Stéphane qui s'est agenouillé trempe une main dans l'eau.

– C'est bizarre, dit-il., elle est sacrément fraîche… Ça doit être ces gros arbres-là qui font de l'ombre, dans la journée.

Sébastien et Christelle sont allés s'asseoir sur les marches du plongeoir métallique.

Paul porte un slip noir avec des rayures vertes. Il est bien bâti. Il a un corps musculeux.

Lui, il se sent ridicule dans son slip ouvert en coton blanc.

Il regarde fixement l'eau noire. Un frisson le parcourt. La tête lui tourne un peu.

Il se sent lourd. Terriblement lourd.

Hervé a posé les serviettes et son verre. Il s'amuse à vouloir pousser Martin et Hélène dans l'eau.

Puis un débat s'organise pour savoir s'ils doivent plonger ensemble ou bien l'un après l'autre. Stéphane, montre en main, annonce qu'il est prêt à donner le signal. Il s'éclaire à l'aide de son briquet.

D'un commun accord, il est décidé que chacun plongera à son tour.

Qui le premier ? On parle de pile ou face, de courte paille…

Paul met tout le monde d'accord en annonçant :

– J'y vais. C'est moi qui commence. Stéphane, quand tu veux…

Il se met en position de saut. Tous attendent. Stéphane baisse le bras. Paul saute et disparaît dans une gerbe d'écume scintillante.

Stéphane se met aussitôt à compter. « Un, deux, trois… » Les autres se joignent à lui : « Quatre, cinq, six… »

Lui ne compte pas avec eux. Il est resté figé, sur le bord de la piscine. Il regarde la surface de l'eau que de courtes ondulations agitent. Ses bras pendent le long de son corps. Il a serré les poings.

– Sept, huit, neuf…

Mylène vient s'accroupir près du tremplin. Elle met une main en visière au-dessus de ses yeux et se penche légèrement pour tenter d'apercevoir le plongeur.

– Douze, treize, quatorze…

On distingue vaguement une forme, au fond de la piscine. Mais ce n'est guère qu'une ombre, imprécise et mouvante.

– Seize, dix-sept, dix-huit…

À leur tour, Sébastien et Christelle se sont agenouillés au bord. Hélène bat des mains et hurle presque :

– Vingt, vingt et un, vingt-deux, vingt-trois…

Lui, il a toujours les poings serrés. La caresse du vent, quoique douce, lui donne la chair de poule. Il s'est mis à compter, lui aussi, mentalement :

– Vingt-cinq, vingt-six, vingt-sept…

Martin s'approche de lui. Il l'entend lui dire :

– Si au moins il portait un slip blanc, comme toi, on pourrait voir où il se trouve…

– Trente, trente et un, trente-deux…

Stéphane ne regarde plus sa montre. Il fixe l'eau, lui aussi, et compte avec les autres.

– Trente-quatre, trente-cinq, trente-six…

Tout à coup, une rangée de projecteurs placés dans la paroi du bassin s'allume. Le patron a dû s'apercevoir qu'ils avaient quitté la terrasse. Ils poussent en chœur un « *AAAH*! » de satisfaction.

Paul est là. Son corps n'est pas au fond : il semble flotter entre deux eaux, mollement. Il a les bras à demi étendus.

L'eau est d'une transparence laiteuse. Le carrelage, au fond, n'est pas d'un blanc uni. De larges rayures bleues le traversent de biais. La piscine est profonde.

Hélène continue à compter, mais les autres se sont arrêtés.

– Trente-huit, trente-neuf, quarante…

Il entend Martin dire, à son côté :

– Il y a quelque chose qui ne va pas, vous ne croyez pas ?

– C'est vrai, renchérit Stéphane. Il ne bouge pas. On dirait qu'il s'est endormi.

– Paul ! crie tout à coup Mylène, penchée vers la surface.

Il cesse de fixer le corps qui flotte et la regarde.

Elle se tient d'une main au tremplin. Ses boucles d'oreille se balancent dans le vide. La lumière des projecteurs fait ressortir l'expression tendue et inquiète de son visage. Il éprouve une nouvelle bouffée de désir, à la voir là, penchée, scrutant l'eau de la piscine.

Hélène a cessé à son tour de compter. Un grand silence les tient tous haletants. Ils ne font pas un geste. Ils regardent le corps de Paul dériver lentement, très lentement. L'alcool leur paralyse aussi l'esprit. Ils ont du mal, semble-t-il, à rassembler leurs pensées.

Mylène pousse subitement un cri strident. Elle se relève brusquement et se met à courir autour du bassin. Elle hurle qu'il est mort. Elle appelle au secours. Elle les supplie de faire quelque chose, d'aller le chercher.

Le corps se trouve à présent presque au centre de la piscine. Il paraît remonter légèrement vers la surface.

Les hurlements de Mylène ont dû s'entendre de la terrasse.

Le patron et trois serveurs arrivent en courant par l'allée centrale.

L'un d'entre eux a le bon réflexe : il se défait rapidement de sa veste et plonge. En trois mouvements, il atteint Paul. Il l'agrippe sous un bras, remonte à la surface, puis revient vers le bord.

Les deux autres serveurs et le patron se penchent.

Mylène s'est arrêtée de courir. Elle les regarde hisser le corps inerte sur le carrelage du bord. Ses camarades sont toujours figés, impuissants, et comme hagards sous le coup de l'émotion.

Lui seul semble avoir gardé ses esprits. Il s'est discrètement écarté du bord et il a gagné le banc sur lequel sont posés ses vêtements.

Il commence à se rhabiller.

Lorsqu'il se retourne, il les voit tous, groupés autour du corps. Mylène est la seule à rester à l'écart. L'un des serveurs est en train de pratiquer le bouche à bouche pour tenter de ranimer Paul. Celui qui a repêché le corps est toujours dans l'eau, accroché au rebord du bassin. Le patron se détache alors du groupe.

Passant près de lui qui est occupé à rajuster son pantalon, il lance :

– Je vais appeler du secours. Mais c'est trop tard, sûrement. Votre ami a dû avoir une hydrocution...

Il ne dit rien. Il regarde le patron gravir l'allée à grandes enjambées.

Au même moment Mylène se remet à hurler. Elle les insulte tous. Les accuse de n'avoir rien fait. Elle se frappe violemment les cuisses de ses poings fermés, puis elle secoue la tête en tous sens.

Il est le seul à prêter attention à elle.

La fraîcheur du vent le fait à nouveau frissonner.

Il s'approche d'elle, lentement.

Il remarque qu'elle a perdu l'une de ses boucles d'oreille. Et que des boutons de son chemisier rouge se sont ouverts.

Il lui pose une main ferme sur l'épaule.

Elle cesse alors de s'agiter. Mais elle tremble, de la tête aux pieds.

Elle lève son visage vers lui.

Ses yeux sont brouillés de larmes. Elle a les mâchoires crispées.

Il l'attire à lui.

Elle se presse contre sa poitrine, se met à sangloter.

Il lui caresse doucement les cheveux…

Il a la gorge nouée d'émotion.

C'est la toute première fois qu'il la serre ainsi dans ses bras.

3. PROMENADE DU CLAIR DE LUNE

En rentrant de la plage, elle s'est aperçu que la lettre était toujours là, sur la table de nuit. Elle s'est alors énervée. Elle la lui a montrée du doigt.

Ne lui avait-il pas promis d'aller la poster avant de venir la rejoindre sur la promenade du bord de mer ? Elle ne pouvait donc jamais lui faire confiance ! Il n'avait décidément pas de parole ! Faudrait-il que ce soit elle qui s'y rende ? Il savait pourtant ce que ça représentait de fatigue pour elle d'aller faire peser la lettre pour l'affranchir, avec la queue qu'il y a toujours dans les bureaux de poste. Rester trop longtemps debout lui était formellement déconseillé. Il le savait bien ! Si ça avait été une lettre que, lui, il avait écrite, elle aurait déjà été postée… Et cetera, et cetera.

Assis sur le bord du lit, il a laissé passer l'orage en la regardant, sans rien dire.

Il la trouve belle, comme ça, les joues rouges sous le coup de la colère, avec cette petite moue de déception qui lui tord légèrement le coin des lèvres. Elle ponctue ses phrases de grands gestes. Les trois fins bracelets qu'elle porte à un poignet ne cessent de tintinnabuler gaiement.

– J'y vais, dit-il soudain en se relevant.

Il s'approche d'elle et la prend dans ses bras, pour se faire pardonner.

Elle bougonne encore un moment contre son oreille, puis se dégage.

Il lui dit de ne pas s'en faire. Que la lettre partira le soir même. Qu'il n'imaginait pas que c'était un courrier urgent. Qu'il fallait profiter des vacances pour voir passer le temps différemment.

Il lui a gentiment caressé les cheveux. Elle s'est calmée, sur un dernier haussement d'épaules un peu agacé.

Il renfile la chemise qu'il venait d'abandonner sur le fauteuil. Puis il gagne la salle de bains et s'y donne un rapide coup de peigne.

De retour dans la chambre, il lui dit qu'il prendra sa douche plus tard.

Elle s'est allongée sur le lit en poussant un soupir.

– Je me sens fatiguée, dit-elle. Je crois que je vais dormir un peu.

Elle ferme aussitôt les yeux.

Il s'apprête à sortir, l'enveloppe à la main.

À l'instant où il ouvre la porte, il l'entend dire, dans son dos :

– Si je dors à l'heure du dîner, sois gentil, ne me réveille pas. Je me ferai monter un sandwich plus tard.

Il se retourne. Il ne répond pas. Il la regarde, étendue sur le couvre-lit jaune. Elle a fermé les yeux.

Il sort en tirant doucement la porte derrière lui. Il se sent déçu.

Mylène est décidément de plus en plus nerveuse. Elle en devient injuste. Il n'aime pas l'injustice. C'est sans doute la chose au monde qu'il déteste le plus. Ce sentiment lui vient de loin. De sa petite enfance. Il ne sait à quel événement précis le rattacher, mais, de fait, toute situation d'injustice éveille en lui des réactions de révolte.

Le bar de l'hôtel est désert.

Il se voit obligé de frapper dans ses mains pour appeler le garçon.

Celui-ci arrive en traînant la jambe. C'est un vieil homme assez sinistre. Il devait somnoler, affalé dans l'un des gros fauteuils en cuir du salon de télévision.

Il commande un demi et prend place à une table basse. Il dépose devant lui l'enveloppe, son paquet de cigarettes et son briquet.

Par la baie vitrée, on aperçoit, au loin, la ligne sombre d'une pinède qui surplombe l'océan.

Le garçon vient le servir puis repart.

Du salon de télévision parviennent quelques détonations et des hennissements prolongés. Ce doit être un western.

Il regarde l'enveloppe. Elle est légèrement bombée. C'est une lettre adressée à « *Mimine* », la petite sœur. Il se demande pourquoi Mylène ne s'est pas contentée d'écrire une simple carte postale, comme elle l'a fait pour ses parents ou ses amis. Qu'y a-t-il à dire sur ce petit séjour en Bretagne qui justifie une lettre aussi conséquente ? Il n'ignore pas, pourtant, la complicité qui lie les deux sœurs. D'ailleurs, il n'aime guère ça : il se sent exclu de leur relation.

Le demi est frais. C'est une bière un peu amère.

Il allume une cigarette, les yeux rivés sur l'enveloppe.

Il avance la main, a un moment d'hésitation, puis se décide. Après tout, Mylène n'a pas à avoir de secret pour lui.

Ces enveloppes autocollantes sont faciles à ouvrir. Il y a juste un petit coin qui s'est déchiré. Rien de grave. L'enveloppe peut être recollée. La chose ne se verra pas…

Il y en trois…, trois feuilles, remplies de cette écriture ronde, bien féminine, qu'il a appris à aimer.

Il se met à lire.

Mimine chérie,

Je t'écris de la chambre d'hôtel. Toutou est parti faire une partie de billard au Casino des Jeux. Rassure-toi, la santé est bonne et je me repose bien. Je sais que ce n'est pas le moment de faire des bêtises et je me surveille.

On a de la chance : il fait beau et doux. On se croirait déjà au printemps. Dinard est une petite ville tranquille. Pour l'instant il n'y a que très peu de touristes, sauf en fin de semaine. L'hôtel est pour ainsi dire vide. Notre chambre donne sur la mer, et l'on voit Saint-Malo de l'autre côté de la baie. Nous y sommes allés hier pour manger des crêpes et boire des bolées de cidre. J'ai adoré les petites rues pavées de la vieille ville et les boutiques de souvenirs. Je t'en ai choisi un qui te plaira sûrement… Nous nous sommes aussi promenés sur les remparts.

Demain nous irons voir les falaises du cap Fréhel. Il paraît que c'est un coin très sauvage et très beau. C'est en tout cas ce que nous a affirmé la patronne de l'hôtel.

Il interrompt un instant la lecture, le temps de boire une gorgée de bière.

Du salon de télévision ne parviennent plus de coups de feu ni de hennissements. Seulement une musique endiablée qui laisse à penser qu'il s'agit d'une poursuite à cheval.

Dis aux parents que tout va bien. Dis-leur aussi qu'ils ne s'inquiètent pas : dès notre retour, Toutou va reconnaître l'enfant. Il me l'a promis. Tu sais, il ferait n'importe quoi pour me garder. Tu ne peux pas savoir à quel point il est amoureux! C'en est même souvent fatigant. Tu avais raison de lui donner ce surnom de « Toutou » : c'est vrai, il ressemble à un pauvre chien tout penaud qui quémande une caresse. Mais au lieu de m'attendrir, ça m'énerve…

Enfin, je crois que j'ai quand même de la chance dans mon malheur : le fait que Toutou n'ait pour toute famille que sa vieille cousine Albertine à moitié gâteuse en est une grande ; et le fait que, grâce à l'héritage de ses parents, il dispose de moyens en est une autre. Je suis à l'abri pour un moment. Pour ce qui est d'un mariage, comme tu me l'as suggéré, et comme il me le demande sans arrêt, il n'en est pas question. Je ne vais pas « m'enterrer » maintenant avec un type que je n'aime pas et qui, quoi qu'il fasse ne me plaira jamais!

Je te l'ai dit : j'attendrai juste qu'il me sorte d'affaire, moi et le gosse,… et déjà je sens que ça va être long!

Il a tourné la première page avec nervosité.

Il a maintenant la gorge nouée. Ses doigts serrent le verre de bière avec force.

« *Mais tu sais, il y a des fois où il me fait peur. Son amour aveugle et exclusif le rend violent. Il pique des colères terribles si je ne réponds pas à ses attentes. Imagine qu'il est toujours jaloux de Paul. Il m'a fait promettre que dès que le bébé serait né, il m'en ferait un autre, de lui cette fois. Tu vois un peu! Pour le moment je ne dis rien, ou plutôt je lui dis « oui », histoire de le calmer et de le rassurer… Tu vois, tout n'est quand même pas facile. Mais il faut absolument que les choses marchent. Je ne me vois pas revenir habiter à la maison avec le bébé! Les parents me le feraient payer cher… »*

Il sursaute. Le bout incandescent du mégot lui a brûlé le doigt.

Il l'écrase rageusement dans le cendrier et allume aussitôt une nouvelle cigarette.

Il ne sait plus où il en est, ce qu'il doit faire. S'il doit poursuivre la lecture. Déchirer la lettre. Remonter voir Mylène.

Malgré lui, il revient à l'écriture ronde qui, cette fois-ci, ne l'attendrit pas.

« J'espère que tes amours à toi vont bien et que Denis continue à te brancher. Mais fais gaffe quand même. Ne te retrouve pas dans la même situation que moi! Les parents en deviendraient fous. Déjà qu'ils sont réticents à me voir avec Toutou… »

Il s'arrête de lire, pour de bon.

Ses mains tremblent en repliant les feuilles.

Il pose son regard distrait sur les grandes affiches collées aux murs. Le Mont Saint Michel. Saint Servan. La tombe de Chateaubriand. La plage de Saint Énogat… Il les regarde sans les voir. Ce qu'il voit, ce sont les sourires de Mylène. Les regards malicieux de Mylène. Les grands gestes de Mylène, qui font tinter les bracelets. C'est le corps de Mylène, souple et chaud. Ce sont les seins de Mylène…

Il a les yeux qui se brouillent de larmes.

Il ne sait si c'est la rage ou la peine qui lui cause cette sensation de brûlure du côté du cœur. Ou les deux à la fois.

Des impulsions violentes l'agitent intérieurement, qu'il maîtrise à grand-peine. Celle, par exemple, de remonter dans la chambre pour cracher à Mylène toute cette douleur qui à présent l'oppresse. De lui faire payer sur le champ sa traîtrise, ses mensonges répétés.

Il se sent tout aussi hagard qu'à la mort de ses parents.

Il s'essuie les yeux d'un revers de main, puis glisse les trois feuilles dans l'enveloppe et la recolle.

Il se lève, pose sur la table le montant de la consommation, enfonce dans l'une des poches de son pantalon le paquet de cigarettes et le briquet et quitte l'hôtel. L'air frais lui fait du bien.

Il semble s'être repris. Ses mains ne tremblent plus.

Apercevant sa voiture garée non loin de là, il résiste à l'envie de s'y engouffrer et de prendre la route, comme ça, pour aller n'importe où. Partir, ailleurs, seul... Abandonner Mylène dans la chambre d'hôtel. Ne plus rien savoir d'elle...

Il descend la ruelle menant au bord de mer et débouche sur la baie.

Marée basse. Étendue grise et luisante.

Les barques et les voiliers reposent sur le flanc comme autant de carcasses d'énormes animaux.

Des mouettes tournoient en piaillant au-dessus des rochers qui émergent de la vase.

Le soleil décline. Des nuages, fins et dorés, soulignent l'horizon.

Il tient toujours la lettre à la main. Il n'ira pas la faire peser à la poste. Il est déjà trop tard. De la poche arrière de son pantalon, il tire un porte-cartes, en sort trois timbres et les colle sur l'enveloppe. Il se dit que cela suffira.

L'air marin lui caresse le visage. C'est un air qui vient du large. Qui devance la marée montante.

Il a gagné la promenade du bord de mer. « La promenade du clair de lune », comme on l'appelle ici. Il sait que s'y trouve une boîte dans laquelle il pourra glisser l'enveloppe.

La promenade serpente le long du rivage qu'elle domine de quelques mètres. Une végétation abondante la borde sur l'autre côté.

À cette heure du crépuscule, elle est pratiquement déserte. Seul un couple d'un certain âge, accompagné d'un épagneul breton, vient vers lui.

Ils se tiennent par le bras. Ils avancent lentement. Il lui parle doucement. Elle l'écoute en souriant. C'est l'image d'un couple heureux. Le chien va et vient, la truffe à ras du sol.

Adossé à un muret, il s'est arrêté un moment pour les regarder passer. Il sent son cœur se serrer une nouvelle fois. Lui ne se promènera jamais ainsi, avec Mylène, en tendres complices d'une vie entière partagée.

L'épagneul s'est engagé dans un escalier menant à la mer.

– Poppy, Poppy, appelle alors la femme. Poppy, viens ici.

Le chien réapparaît aussitôt, les regarde un instant en remuant son petit bout de queue, puis il repart sur la promenade.

Arrivé à sa hauteur, le couple le salue d'un léger hochement de tête et d'un sourire doux.

Il reprend sa marche.

Parvenu à la boîte jaune des P. et T., il y glisse la lettre.

Le clapet se referme sur ses doigts.

L'horaire des levées est affiché. Une seule levée par jour.

Celle d'aujourd'hui a déjà eu lieu. La lettre de Mylène ne quittera la Bretagne que demain.

Lorsqu'il a regagné l'hôtel, Mylène dormait toujours.

Il ne l'a pas réveillée. Il est ressorti et il est allé acheter un journal.

Il a dîné tout seul, dans la grande salle de restaurant. Des moules marinières, un sauté de veau pommes-vapeur et une crème au chocolat.

Le repas fini, il n'est pas monté à la chambre. Il a une nouvelle fois quitté l'hôtel.

Les lumières de Saint-Malo scintillent de l'autre côté de la baie. La flèche de la cathédrale se détache, illuminée par des projecteurs à la lumière blanche.

À pas lents, le journal sous le bras, il est revenu sur la promenade du clair de lune. Les lampadaires, disposés çà et là, font des taches de lumière au sein de la végétation. Il a allumé une cigarette. Son regard se perd dans l'immensité noire de la baie.

Marée haute. Les vagues viennent lécher les remparts avec un clapotis régulier. Les barques et les voiliers montent et descendent, formes mouvantes sur la luminescente surface des flots. On entend des bruits de chaînes et de cordages.

Il est arrivé devant la boîte aux lettres jaune.

Il s'est alors assis sur le banc le plus proche pour finir sa cigarette, le journal posé sur les genoux. Quand il a eu fini, il s'est relevé et il a écrasé le mégot d'un coup sec du talon, comme une bestiole gênante.

Il s'est ensuite approché de la boîte aux lettres et il s'est mis à y glisser une à une, après les avoir froissées, les feuilles du journal. Il a ensuite sorti de la poche de son pantalon le briquet. Après avoir vérifié que personne ne venait, ni d'un côté ni de l'autre, il a froissé la dernière feuille et il y a mis le feu. Dès que la flamme a commencé à s'élever, il a glissé la feuille par la fente. Presque aussitôt une fumée blanche s'est échappé par les côtés de la boîte.

Lorsqu'il a repris la direction de l'hôtel, les flammes commençaient à pointer hors des fentes du clapet. La boîte aux lettres ressemblait à une citrouille de Halloween.

Les pensées de Mylène partent en fumée.

Mimine, la petite sœur, ne saura rien.

4. FALAISE

Il lui fait signe de la main.

– Viens, viens, lui crie-t-il. Viens regarder en bas. C'est superbe, vraiment superbe ! Il y a toute une série de rochers pointus contre lesquels les vagues éclatent en grandes gerbes blanches. Ça fait comme des feux d'artifice… Allez, viens vite voir…

Elle lui fait non de la tête. Elle est appuyée contre la voiture. Le vent lui soulève les cheveux. Il insiste :

– Mais viens donc. Je t'assure, c'est magnifique…

Elle refuse à nouveau. Elle est obligée de crier, elle aussi, à cause du vent.

– Non, je ne veux pas. Je vais avoir le vertige, tu sais bien…

Il revient vers la voiture. Il est tout ébouriffé. Ses longues mèches noires sont presque à la verticale.

– Mais je te tiendrai, lui dit-il. Tu n'as rien à craindre. Viens, viens donc voir.

Il cherche à la tirer par le bras. Elle résiste, dit qu'elle n'a pas envie. Qu'elle préfère rester où elle est.

Il hausse alors les épaules et s'énerve :

– Que tu es sotte parfois ! Je te dis que ça vaut vraiment le coup !

– C'est peut-être très beau, mais de toute façon si j'ai le vertige je ne verrai rien du tout, alors…

– Tu peux au moins essayer. Puisque je te dis que je te tiendrai !

– Non, répète-t-elle sur un ton buté. Ça ne me dit rien…

Il hausse une nouvelle fois les épaules et repart vers le bord de la falaise.

– Et toi, fais attention, lui crie-t-elle. Ne t'approche pas trop. C'est dangereux.

Il semble ne pas avoir entendu. Le vent gonfle son blouson entrouvert.

Passant au-dessus d'eux, une mouette esseulée pousse quelques cris grinçants. Ils lèvent le nez, la regardent un moment lutter contre le vent, et finalement se laisser emporter par lui.

Ils sont sur un plateau désert, du côté du cap Fréhel. On n'aperçoit pour seul relief que les ruines d'une maison bordant la piste qui les a menés jusque-là.

Il se retourne, revient près de la voiture.

– Je t'assure, Mylène, tu as tort, lui dit-il. C'est un spectacle unique.

Elle ne répond pas. Elle rajuste ses lunettes de soleil sur le nez.

Il s'assied sur le capot de la voiture.

– Ma future petite femme est une froussarde, dit-il en guise de conclusion. Je le découvre aujourd'hui…

Il ajoute :

– Et elle voudrait que je le sois aussi, moi, son compagnon, moi, son héros !

Elle le regarde un moment, puis lui adresse une grimace.

– N'empêche que l'autre jour tu as bien failli te noyer, lui rappelle-t-elle. Si la barque n'était pas allée te chercher tu n'aurais pas pu revenir seul, à la nage. Tu t'étais trop éloigné.

Elle a eu tort de lui rappeler l'incident. Il s'énerve aussitôt.

– Je t'ai déjà dit que tu t'étais affolée pour rien ! Comme d'habitude. De la plage tu ne pouvais pas te rendre compte. Je faisais la planche pour me reposer, c'est tout. Qu'est-ce que tu avais besoin d'aller rameuter des sauveteurs ? On avait l'air malin tous les deux !

Elle ne rétorque rien. Elle s'écarte de la voiture pour faire quelques pas sur la piste.

Le vent agite sa robe, la fait claquer parfois contre ses cuisses.

Il reste assis sur le capot. Il la regarde s'éloigner. Elle a une démarche un peu hésitante. À cause du vent, sans doute.

À un moment, il la voit se pencher, cueillir l'une de ces petites fleurs jaunes qui tapissent le sol.

Il ferme les yeux, goûte un instant la caresse appuyée du vent, et celle, plus douce, du soleil sur son visage.

C'est un soleil encore timide, mais qui annonce le printemps.

Il se sent bien. Physiquement bien. S'il n'y avait cette blessure morale qui, depuis la veille, ne cesse de le faire saigner. Mylène ne semble s'être aperçue de rien.

– Regarde... Un lapin...

Il a un léger sursaut. Il ne l'a pas entendu revenir. Il rouvre les yeux.

– Où ça ? demande-t-il.

Elle pointe un doigt en direction d'un buisson. Il met

une main en visière au-dessus de ses yeux et il a juste le temps de voir détaler l'animal.

– C'est un lapin de garenne, confirme-t-il. Il doit y en avoir des tas par ici. Il faudrait venir avec un fusil.

– Quelle idée ! s'exclame-t-elle. Tu voudrais tuer ces petites bêtes ?

– Mais bien sûr, répond-il en riant. Mais pas pour les manger, ajoute-t-il. Juste pour pouvoir te faire faire une petite toque en fourrure. Cela t'irait magnifiquement. Ou alors une paire de pantoufles pour l'hiver prochain…

Il se passe une main dans les cheveux, tentant de remettre un peu d'ordre dans ses mèches folles.

Elle s'est de nouveau adossée à la voiture. Elle boutonne son gilet.

Il lui demande tout à coup :

– Dis-moi, si je tombais du haut de cette falaise, là, maintenant, qu'est-ce que tu ferais ?

Elle le regarde par-dessus ses lunettes de soleil, puis elle hausse les épaules.

Il insiste :

– Sérieusement, Mylène, qu'est-ce que tu ferais ?

Elle finit par répondre :

–… Que tu es bête ! Que voudrais-tu que je fasse ? Que je me mette à réciter du Verlaine, par exemple ?

– Essaye d'imaginer… Sérieusement. Je voudrais savoir…

– Eh bien, je… je crois que je me mettrais à hurler bien sûr ! Qu'est-ce que je pourrais faire d'autre ?

– C'est tout ? demande-t-il en faisant une moue de dépit.

Elle lui dit alors qu'elle pense qu'elle deviendrait comme folle. Qu'elle se jetterait peut-être aussi.

Il lève les bras au ciel, satisfait.

– Ah, c'est déjà mieux, lance-t-il. Tu te jetterais pour me rattraper, et nous finirions le superbe vol plané dans les bras l'un de l'autre. Et puis, comme ça, au moins, il n'y aurait ni veuve ni orphelin !

Il se laisse glisser du capot de la voiture et il la prend par les épaules.

– Allez, viens… On va le faire. On va se jeter ensemble du haut de cette falaise…

Elle se dégage avec un petit rire nerveux.

– Alors laisse-moi le temps de me refaire une beauté, dit-elle. Je suis toute décoiffée. Je ne veux périr que dans le plein rayonnement de ma beauté, comme la fleur du Petit Prince… On est rose ou on ne l'est pas !

Ils rient ensemble.

– De toute façon, ajoute-t-elle, il faudrait lui demander son avis, à lui aussi, tu ne crois pas ?

Elle passe une main sur son ventre rebondi.

Il repousse les mèches qui lui tombent sur les yeux.

– Non, dit-il. Celui-là n'a pas encore droit à la parole. La mort, c'est une décision d'adultes, uniquement.

Ils rient encore, tous les deux.

Lui redevient sérieux. Il l'engage, une fois encore, à venir jeter un coup d'œil en bas. Elle refuse. Elle lui demande de ne plus insister. Elle a trop facilement le vertige. En plus, en ce moment, elle perd souvent l'équilibre.

– Tu as vu, à l'hôtel, dans l'escalier ? lui rappelle-t-elle. Si tu ne m'avais pas retenue, je serais tombée.

– C'est vrai, excuse-moi, dit-il.

Après un temps de silence, il reprend :

–… Mais, si tu veux mon avis, ta grossesse a bon dos, tu ne crois pas ? Elle t'est un excellent prétexte. Tout est devenu impossible ! Se mettre en maillot sur la plage, impossible. Faire une promenade sur les rochers, impossible. Prendre le bateau pour aller passer la journée sur les îles, impossible. Même le petit bout de piste en voiture pour venir de la route jusqu'ici était soi-disant impossible !... Tu ne crois pas que tu pousses les choses un peu trop loin ?

Elle lui passe une main dans les cheveux.

– Ne recommence pas à faire le méchant, lui dit-elle. C'est au bébé, après tout, que je pense. Et puis il n'y en a plus pour longtemps. Dans quelques semaines ce sera fini...

Il a un geste brutal de la main et un haussement sec des épaules.

– Oui, dit-il. Et nos vacances aussi seront finies !... Bon, alors vraiment tu ne veux pas venir jeter un coup d'œil en bas ? On est pourtant bien venu ici pour voir la vue, non ?...

– Mais on la voit très bien sans se pencher, remarque-t-elle.

Elle ôte ses lunettes de soleil, cligne un peu des yeux, sourit, et ajoute :

–... C'est vrai que c'est très beau. Surtout aujourd'hui : il n'y a pas de brume. Regarde comme le bleu du ciel et le bleu de la mer se répondent...

– Ça, on le voit aussi bien de la fenêtre de la chambre d'hôtel ! Le plus beau, ici, c'est justement ce que tu te refuses à voir ! C'est comme si, au cinéma, tu regardais la salle en refusant de poser ton regard sur le film.

Elle cesse de sourire et lui fait une grimace de reproche.

– Je viens de te demander de ne pas insister ! Quel ours tu fais parfois ! Non, non et non ! Je ne veux pas, répète-t-elle. Un point c'est tout.

Il s'écarte d'elle. Assez brusquement.

– Ça va, ça va, dit-il. N'en parlons plus.

Il regagne le bord de la falaise, s'accroupit, puis s'assied, les jambes dans le vide. Il l'entend alors lui crier, dans son dos :

– Qu'est-ce que tu fais ? Arrête ! Tu es fou ! Tu vas tomber ! Reviens, s'il te plaît.

Il tourne la tête vers elle et lui répond :

– Mais non, regarde, tu vois, il n'y a aucun danger.

– Tu me fais peur ! Reviens, je t'en prie. Je n'aime pas te voir comme ça...

– Tu t'imagines peut-être que la falaise va s'écrouler d'un seul coup sous mon poids ?

Elle fait trois pas dans sa direction et vient s'asseoir en tailleur, non loin de lui... Avec son ventre en avant, elle ressemble à un bouddha en posture de méditation.

Rampant dans l'herbe rase, il s'approche d'elle. Arrivé à sa hauteur, il lui prend un bras et cherche à la faire basculer en arrière.

Elle se débat et se dégage vivement.

– Attention, lui dit-elle. Fais attention. Ne sois pas brusque, voyons. Il y a le bébé !...

– Le bébé ! Le bébé, le bébé... béééééééééééééé, béééééééééééééé. Ton bébé te fait décidément devenir chèvre ! Le bébé par-ci, le bébé par-là. Tu n'as que ce mot à la bouche ! J'imagine ce que ça va être quand il sera là pour de bon ! Il y a des moments où je me demande si les grossesses ne transformeraient pas les femmes en perroquets ! Quelle déception ! Que reste-t-il de la belle et spirituelle jeune fille que vous aviez prise pour compagne, ô mon pauvre monsieur ?...

Elle a un geste agacé.

– Écoute, je sais que ce bébé tu n'en voulais pas. Mais moi je veux qu'il naisse. C'est mon droit, non ? Alors c'est moi avec le bébé, ou ce n'est rien du tout. Tu as accepté, c'est fait, alors maintenant il faut assumer…

Il est revenu, en rampant, jusqu'au bord de la falaise. Il a jeté un coup d'œil en bas, s'est retourné, et avançant les bras dans le vide, il lui a demandé :

– Tu crois que le blouson pourrait me servir de parachute ?

– S'il te plaît, lui a-t-elle dit, cesse de faire des gestes comme ça au-dessus du vide ! Qu'est-ce que ça t'apporte ? Je suis sûre que tout ce que tu cherches c'est encore de me faire enrager !

Il a reconnu qu'elle n'avait pas tout à fait tort, mais il lui a fait remarquer qu'il fallait bien que l'un fût fou quand l'autre était devenu trop sage. Il a prétendu qu'il s'agissait là d'une simple question d'équilibre dans le couple.

– Ça t'amuse donc tant que ça de m'effrayer ? Tu sais pourtant que ça peut avoir des effets sur le bébé, on le dit…

– Et en avant ! Bééééééééééééééé, béééééééééééééééé. La ritournelle… Je plains vraiment ce petit bonhomme qui s'annonce et qui va partager ses jours entre un faux-papa ours et une vraie-maman chèvre !

Mylène se relève.

– Bon, allez, ça suffit comme ça. Viens,… on s'en va. Je commence à avoir froid. Tu veux bien qu'on rentre ?

– Mais oui, mon amour, je suis à tes ordres.

Il arrive à quatre pattes jusque devant elle.

– Et hop ! s'exclame-t-il. Me voilà à vos pieds madame, en chevalier servant…

– Arrête, lâche mes jambes, se met-elle à crier. Tu vas me faire tomber.

– Bhouououou ! La méchante qui ne veut plus qu'on la touche au-dessous de la ceinture !

Elle hausse les épaules, énervée.

– Allons viens, rentrons, répète-t-elle. J'en ai assez d'être ici. On l'a assez regardée cette vue ! Et puis on est trop seuls dans ce coin, ça finit pas me mettre mal à l'aise.

Il se remet debout, à son tour.

– N'empêche, lui dit-il, j'aimerais bien voir tomber quelqu'un du haut de la falaise. Tu sais,... comme dans les films. Quel vol plané ! Tu imagines ? Ce serait formidable !

Mylène pousse un soupir d'exaspération.

– Si tu savais comme j'en ai assez de t'entendre tout le temps me dire des horreurs !

– Ça doit durer longtemps, la chute, non ?

– Arrête !

Ils se dirigent lentement vers la voiture.

– On doit avoir le temps de penser à des tas de choses avant d'arriver en bas ! On doit revoir toutes les bêtises qu'on a faites au cours de sa vie. Tu ne crois pas ?

– Mais qu'est-ce que tu racontes ?

Poursuivant son idée, il insiste :

– Ou bien on doit se mettre à compter, comme ça, mécaniquement... Un... deux... trois... quatre...

– Tu ne veux pas arrêter, s'il te plaît ?

- Cinq... six... sept... huit..., continue-t-il, imperturbable.

Elle se retourne vers lui.

– Mais qu'est-ce que tu as ?

Il la prend par la taille et continue :

– Neuf... dix... onze...

– Arrête, lâche-moi ! Tu deviens fou ou quoi ? Lâche-moi ! Je te dis de me lâcher... Non ! Mais arrête !

Il la lâche, se passe une main dans les cheveux, puis il lui demande sèchement :

– Je ne peux plus te serrer dans mes bras ou quoi ?…

– Excuse-moi, dit-elle, tu m'as fait peur !

– Peur de quoi ? Qu'est-ce que tu as cru ?

Elle détourne le regard.

– Non, rien…

Il semble tout à coup surexcité. Il a du mal à se contrôler.

– Allez, avoue-le, ricane-t-il rageusement. Tu as cru que j'allais t'entraîner jusqu'au bord. Hein ? C'est ça ?

– Eh bien oui, c'est ça ! Là, tu es content ?

Il lève les bras au ciel, théâtral :

– Quelle horreur ! Elle l'a pensé ! Elle l'a vraiment pensé ! Et elle me l'avoue par-dessus le marché ! C'est est trop ! Cette pensée m'achève ! Il ne me reste plus qu'à sauter à pieds joints dans le vide…

Il la quitte et s'approche à nouveau de la falaise en faisant de grands gestes.

–… Et me voici, mesdames et messieurs, au bord du gouffre. Regardez bien, regardez tous. Vous êtes témoins : par ses mauvaises pensées, ma compagne chérie m'accule à un suicide horrible. Si elle ne me demande pas, à l'instant même, de tout lui pardonner, je saute. Et il y aura une veuve et un orphelin de plus sur cette terre maudite !

Après être restée un moment pétrifiée, Mylène revient vers lui.

Le vent fait claquer sa robe. Elle a chaussé à nouveau ses lunettes noires. Elle est belle comme ça, le teint légèrement hâlé par les premières journées de soleil. Il la regarde s'approcher de lui.

–… Ah, mais attendez, s'exclama-t-il. Regardez tous, mesdames et messieurs. Voilà Mylène qui me rejoint. Elle approche, et ce en dépit de ses vertiges, de son horreur du vide, et malgré son bééééébéééééé…

Il continue à s'agiter, au bord de la falaise.

Elle, elle avance, soudain résolue, un peu courbée, face au vent.

– Mais oui, mesdames et messieurs, le miracle a bien lieu! Mylène, la belle Mylène, porteuse d'espoir et de vie, la belle Mylène maîtrise enfin sa peur pour venir me chercher, me tirer du danger dans lequel je me trouve. Applaudissez mesdames et mesdemoiselles, applaudissez messieurs, il faut l'encourager…

Au moment où Mylène arrive près de lui, il a un geste brusque vers elle. Surprise et déséquilibrée, elle pousse un petit cri, tombe sur les genoux, bras en avant. Elle tente, maladroitement, de se raccrocher à son blouson, mais il a un mouvement réflexe de recul.

Une mouette, au-dessus d'eux, presque immobile face au vent, lance à cet instant précis, deux ou trois cris perçants.

5. AU BORD DU FLEUVE

Ils ont choisi l'une des tables situées en bout de salle. Devant la baie vitrée ornée de lourds rideaux savamment ourlés.

De là, ils surplombent le fleuve.

Les pluies de ces dernières semaines sur toute la région ont fait monter son cours. Le courant est violent. Sur les bords, il provoque des séries de tourbillons.

L'eau a une teinte trouble. Un peu couleur de rouille.

Ils l'ont regardée un moment, tous les deux, en silence. Puis le serveur est venu leur apporter la carte.

Ils ont déplacé sur le côté de la table le petit vase en porcelaine dans lequel sont plantées quatre roses, deux rouges et deux jaunes.

Ils ont commandé un apéritif.

La salle est presque vide. Il y flotte un parfum étrange. C'est un subtil mélange de fumet, d'odeur de cire et de feu de bois.

Ils sont arrivés tôt. Mais sans doute n'y aura-t-il guère plus de clients, même plus tard. C'est un jour de semaine et ce n'est pas un restaurant pour employés ni pour voyageurs de commerce. On n'y sert que des spécialités fines.

C'est l'un des plus sélects de la ville.

Une musique douce, flûte et piano, s'efface par moments, laissant sa voix au feu qui craque et qui pétille dans l'âtre.

Ils ont fait leur choix.

Le maître d'hôtel, venu prendre la commande, est un homme qui en impose par sa mine grave et son crâne dégarni.

Martin a contemplé un instant les animaux empaillés qui ornent les murs. Fouine, belette, lièvre, bécasse, perdrix, faisan doré. Deux énormes têtes de sanglier encadrent le lourd manteau de la cheminée.

Il s'est ensuite mis à parler. Des parties de chasse qu'organisait son père, dans les forêts du Maine, lorsqu'il était enfant. Sa terreur des coups de feu. Les aboiements des chiens. Le gibier rapporté dans les gueules dégoulinantes de bave épaisse…

Il a parlé longtemps, ne s'interrompant que le temps de croquer une cacahuète ou de boire une gorgée de son Martini blanc.

Lui, il l'a écouté sans rien dire, en sirotant son whisky-glace.

L'un des deux autres couples, à une table près de la cheminée, s'est levé. Elle a enfilé son petit boléro de fourrure. Lui a attendu en reboutonnant le devant de sa veste qu'un serveur lui apporte son imperméable et son chapeau. Ce doivent être de bons clients : le maître d'hôtel les a raccompagnés, à pas lents, jusqu'à la sortie. Très droit. Très digne. Un sourire d'une respectueuse sécheresse aux lèvres.

Un serveur est venu rechercher les verres d'apéritif dès que Martin a eu bu la dernière gorgée de son Martini blanc.

À ce moment, un marmiton en tablier blanc est entré dans la salle par une porte dérobée, les bras chargés de bûches. Il a piqué les braises et ranimé le feu. Puis, après avoir remis du bois, il est ressorti, leur jetant un coup d'œil au passage.

Au cours du repas, ils ont parlé du déroulement de leur affaire et de son résultat.

Martin avec passion, comme toujours. Rendu plus loquace encore par l'alcool. Lui, sans passion, comme s'il ne se sentait plus concerné par elle.

Martin lui a promis de revenir, dans deux ou trois semaines, avec le reste de la somme convenue.

– Tu comprends, lui a-t-il expliqué, il vaut mieux laisser passer encore un peu de temps. On ne sait jamais…

Lui n'a soulevé aucune objection. Au contraire. Il a dit que puisque ses dettes de jeu allaient enfin être réglées une fois pour toutes, il n'était plus vraiment pressé. Qu'il pouvait attendre. Que d'ailleurs sa vieille parente, Albertine, venait de lui faire don de ses biens.

– Alors pourquoi t'obstines-tu à rester dans cette ville pourrie ? lui a demandé Martin. Va donc t'installer ailleurs et remets-toi à vivre, nom de Dieu !

Il n'a rien répondu. Il a observé fixement Martin, mais il n'a rien dit.

Au bout d'un instant, gêné, Martin a appelé le serveur. Il a demandé une autre bouteille de vin.

Ils n'ont plus parlé pendant un moment.

Ils ont tous deux laissé leur regard se perdre dans le courant du fleuve.

De maigres rayons de soleil viennent toujours flotter, par endroits, sur la surface en un scintillement triste. Quelques hirondelles se poursuivent, au ras du flot, puis remontent, comme rebondissant sur de volumineuses bulles d'air.

Sur l'autre rive, une barque a été tirée au sec. Elle est attachée au tronc d'un saule par une grosse chaîne.

Les cafés et les verres de cognac sont sur la table. Il y a aussi une coupelle contenant des truffes en chocolat.

Martin a allumé l'un de ses cigarillos. Lui, une cigarette.

Le dernier couple de clients est parti.

Le maître d'hôtel est debout, raide, devant une desserte. Il regarde droit devant lui. Il a tout du grand échassier empaillé. Il ne dépare pas dans le décor.

La musique a changé. Morceaux classiques mis au goût du jour à coups de synthétiseur et de batterie.

– C'est étrange tout de même, dit tout à coup Martin sur un ton rêveur, oui, vraiment étrange qu'on se soit retrouvés comme ça, dix ans plus tard, à la même table de jeu ! Quelle coïncidence !

Lui ne répond pas, mais un léger sourire se dessine sur ses lèvres.

– Pourquoi souris-tu ? lui demande Martin

Voyant qu'il n'obtiendra pas de réponse, il poursuit :

– Tu sais que tu es le seul ami que je conserve de cette héroïque époque... Quand je suis parti faire la fac à Lyon, j'ai rompu avec tous les copains de lycée.

Il boit une gorgée de cognac, puis demande :

– Pourquoi ne t'es-tu pas inscrit en fac, toi ?

– Je n'en avais pas envie, répond-il simplement.

– Tu as pensé que l'héritage de tes parents te suffirait à te faire mener la belle vie ; que tu pouvais te la couler douce, c'est ça ?

– Oui, peut-être, admet-il.

– Alors il aurait mieux valu éviter les casinos…, remarque Martin.

– Je sais, dit-il.

Il fait tourner un moment dans sa main le verre de cognac avant d'en boire une gorgée. Il est devenu pensif. Martin l'observe, puis s'exclame sur un ton de reproche :

– Ta vie ne va quand même pas s'arrêter là ! Tu es encore trop jeune pour devenir rentier !

Il ne répond pas.

Martin se met alors à évoquer leur année commune, en Terminale B, chez les Jésuites, à Bordeaux. Les souvenirs s'enchaînent les uns les autres. Des visages sont un instant tirés de l'oubli. Des événements resurgissent.

Lui le laisse parler, hochant de temps en temps la tête. C'est à peine s'il écoute. Le repas et l'alcool l'engourdissent. Il ne sort de sa léthargie qu'en entendant prononcer le nom de Paul. Martin est en train de lui dire :

– Tu sais, il m'arrive de revoir la scène, pas toi ?

Il ne répond pas. Il prend délicatement entre deux doigts une truffe et la pose sur sa langue. Après un instant de silence, Martin ajoute :

– Tu aurais pu y rester, toi aussi…

– C'est vrai, reconnaît-il en éteignant sa cigarette.

– Tu as eu du flair en ne te jetant pas à l'eau le premier, poursuit Martin.

Il hoche la tête en silence.

Martin évoque les circonstances du drame. Il lui adresse

le reproche d'avoir lancé à Paul un défi aussi stupide. Puis, faisant un geste de la main pour signifier qu'il désire écarter tout malentendu, il lui dit :

– Ne va pas croire que je cherche à te rendre responsable de ce qui est arrivé. Nous avons tous été coupables. Mais il faut dire que tu as toujours eu l'esprit un peu tortueux,... non ?

La remarque semble le piquer au vif. Il fixe alors Martin, droit dans les yeux, et poussant un petit ricanement, il lance :

– Je pourrais bien en dire autant de toi, maintenant, tu ne crois pas ?

Martin ne s'attendait ni à ce genre de réflexion, ni à un regard aussi sévère. Il s'agite sur sa chaise, mal à l'aise. D'un geste vif, il écrase dans le cendrier le mégot de son cigarillo. Puis il s'exclame :

– En fait, tu veux que je te dise : le vrai coupable c'est le patron du restaurant ! Il n'aurait jamais dû nous permettre de descendre à la piscine. Il avait bien vu dans quel état nous étions tous !

– Avec la somme rondelette que nous lui laissions, il était plutôt mal placé pour nous l'interdire !

– Tu te souviens des hurlements de la pauvre Mylène quand on a repêché le corps de Paul ? demande Martin.

– Oui, dit-il, je m'en souviens.

– La malheureuse ! Elle en pinçait pour lui, à l'époque. Bien plus que pour aucun autre d'entre nous. Tu ne crois pas ?

– Possible, dit-il après avoir bu une dernière gorgée de café.

Il repose la tasse. Tourne un instant son regard en direction du fleuve.

– Paul et elle devaient se retrouver pendant les vacances, reprend Martin en hochant la tête, avant d'ajouter :

– C'est d'ailleurs la dernière fois que je l'ai vue, cette sacrée Mylène. Elle n'est même pas venue à l'enterrement de Paul… !

Il s'interrompt un instant, paraît hésiter, puis se décide :

– Tu sais, il faut que je t'avoue quelque chose que tu n'as jamais su… Cela ne te fait rien que je te rappelle ces souvenirs, n'est-ce pas ?

Pour toute réponse, il hoche négativement la tête, puis il finit d'un trait son verre de cognac et fait signe au serveur d'apporter l'addition. Il semble un peu nerveux subitement.

– Eh bien, reprend Martin, tu sais, le fameux dimanche où Mylène devait aller te retrouver chez toi et où je t'avais prêté une cassette porno pour l'occasion,… tu vois de quel jour je veux parler ?

– Évidemment…

– Ah oui, c'est vrai, excuse-moi, j'oubliais que tes parents ont eu leur accident le même jour…

Il hausse les épaules, l'air indifférent.

– Vas-y, continue, dit-il.

– Je t'avais toujours raconté qu'au lieu d'aller chez toi Mylène avait choisi d'aller plutôt passer l'après-midi ce dimanche-là avec Paul, chez lui, n'est-ce pas ?

Il hoche la tête :

– Oui, répond-il. Quand on en a parlé, c'est bien ce que tu m'as dit. Et alors, ce n'est pas vrai ?

– En fait, elle était bien chez lui, confirme-t-il.

Puis il laisse un instant la phrase en suspens avant de poursuivre :

–… mais elle n'était pas seule avec lui.

Martin se met à rire et déclare :

– J'étais là, moi aussi…

Le serveur s'approche. Il pose sur leur table un petit plat en métal argenté contenant la note, une carte du restaurant et deux pochettes de serviette parfumée, Roger Gallet. Il murmure un « merci messieurs », et repart.

Martin continue à rire. L'évocation de ce souvenir semble le ravir. Il s'empare de la note, tire de la poche intérieure de sa veste un chéquier et un stylo.

Lui le regarde remplir le chèque. Il attend. Il ne dit rien.

Martin referme le carnet de chèques, recapuchonne son stylo et les remet tous deux dans la poche de sa veste.

– Oui, reprend-il enfin. J'étais là moi aussi. Mon vieux, on s'est fait une de ces parties à trois du tonnerre ! C'est qu'elle était chaude la sacrée petite garce. C'est simple, elle nous a mis sur les rotules tous les deux. Un vrai volcan.

Il a renoué avec un langage de potache. Son rire aussi a quelque chose d'un peu vulgaire.

Il termine son café, puis le regarde, un grand sourire aux lèvres. Il semble attendre un commentaire.

– Tu as l'air bizarre tout à coup, remarque Martin. Tu es vexé de ne pas l'avoir su plus tôt ? Ou bien tu n'as toujours pas digéré de t'être fait avoir, ce jour-là ?

Il répond par un simple haussement d'épaules.

– Oh, moi, Mylène, tu sais…, finit-il par dire.

– Excuse-moi, dit Martin, se levant tout à coup. Je vais aux toilettes.

Il le regarde s'éloigner, s'adresser au maître d'hôtel qui lui indique une porte, puis disparaître de l'autre côté de la cheminée.

Il tourne la tête. Au moment précis où son regard se pose sur le fleuve, il entr'aperçoit un poisson qui saute hors de l'eau puis replonge aussitôt dans le courant.

Il demeure un moment pensif.

Ensuite, lentement, il tire de la poche intérieure de son blouson pendu au dossier de la chaise un petit carnet jaune à spirale et un stylo à bille. Il tourne les pages rapidement, d'un doigt, jusqu'à arriver à une page vierge. Il presse alors sur le haut du stylo et se met à écrire, de sa petite écriture fine et serrée, quelques mots, assortis de flèches et de dates.

Cela ne lui a pris que quelques instants. Il referme le carnet et le remet, avec le stylo, dans la poche du blouson.

Martin est déjà de retour dans la salle. Il s'attarde un instant pour contempler l'une des énormes têtes de sanglier, puis il revient à la table.

– On y va ? demande-t-il, reprenant sa veste.

Il jette un coup d'œil au fleuve, enfile la veste et s'exclame :

– Mylène, il n'y a pas à dire, tu sais, c'était une sacrée fille !... Et belle avec ça, hein ? Tu te souviens du corps qu'elle avait ?

– Oui, dit-il, mettant son blouson. Je m'en souviens.

– Dommage que tu n'aies pas eu l'occasion de te la faire, tu as vraiment perdu quelque chose !

Ils traversent la salle.

Dans l'âtre, une kyrielle de petites flammes vives lèche les bords d'une bûche massive.

Le maître d'hôtel, planté devant la desserte, s'incline à leur passage.

Dehors, le soleil est toujours timide. Le sol est détrempé.

Les jardinières alignées devant le restaurant sont plantées d'œillets d'Inde, rouges et jaunes.

La voiture est garée un peu plus loin.

Il remonte la fermeture éclair de son blouson.

– Sais-tu ce qu'elle est devenue ? lui demande Martin en contournant le véhicule.

– Qui ça ? demande-t-il. Mylène ?

– Mais oui, bien sûr, Mylène !

Il le regarde un instant sans rien dire.

Puis il hoche négativement la tête.

– Non, dit-il. Je n'en ai pas la moindre idée !

6. TABLE DE JEU N° 7

– Comment est-ce arrivé ? Je vous en prie, dites-le moi ; dites-moi comment c'est arrivé.

Il ne répond pas tout de suite. Il laisse passer un moment. Depuis le début de l'entretien, il attendait la question.

Il regarde le vieil homme s'essuyer furtivement les yeux.

Sur la route, en venant, il avait essayé de se représenter ce qu'allait être l'effondrement du vieil homme. Il l'avait imaginé pris de faiblesse, devenant livide, s'évanouissant peut-être. Ou bien perdant tout contrôle de soi, se mettant à hurler, à se griffer le visage… Ou encore, comme dans les tragédies antiques, se jetant sur lui pour le punir d'être le messager d'une pareille nouvelle.

Il n'avait pas envisagé, précisément, ce calme apparent. Cette douleur muette et contenue. Cette souffrance, toute intérieure, que seules deux larmes roulant sur les ailes du nez viennent de rendre visible.

Pareille dignité dans le malheur l'impressionne, et le met mal à l'aise. Il préférerait avoir à jouer un rôle actif de consolateur : prendre le vieillard sous le bras pour le faire s'allonger sur un divan, courir aux cuisines chercher un verre d'eau ou d'alcool. Tout, plutôt que d'avoir à affronter cette immobilité sévère et glaciale.

Maintenant qu'il s'est acquitté de sa tâche délicate, il aurait presque envie de fuir. De remonter dans sa voiture pour faire le trajet en sens inverse. Sans plus se poser de questions.

Le vieil homme se redresse dans le grand fauteuil tapissé de velours grenat. Il serre de ses mains noueuses et tremblantes le pommeau d'argent de la canne. On dirait un squelettique oiseau de proie que la mort guette.

Il lui pose à nouveau la lancinante question, d'une voix légèrement raffermie.

– Dites-moi,... comment est-ce arrivé ? Je voudrais connaître avec plus de détails les circonstances...

Il cherche à éviter le regard implorant du vieil homme, mais, fasciné, il ne peut détacher ses yeux du visage qui lui fait face. Il en émane une noblesse d'une autre âge.

Ce qui le fascine également, sans doute, c'est de retrouver sur ce visage émacié certains traits de celui de Martin. Le même front large, les mêmes pommettes saillantes, un même dessin des lèvres.

Il faut bien rompre le silence.

Il se racle discrètement la gorge pour sortir de son embarras et il commence :

–... Eh bien, nous devions passer cette fin de semaine en Normandie, chez les Duvergne. Jean-Claude et Nathalie Duvergne. Martin vous a peut-être parlé d'eux. Ils travaillent dans la publicité... Ils résident à Paris mais possèdent une maison de campagne sur la côte normande. Et ils reçoivent beaucoup à cette saison de l'année. Nous y sommes arrivés, Martin et moi, dans la soirée, à l'heure de l'apéritif.

Le vieil homme écoute, le regard lointain. Il a un bref tressaillement en entendant prononcer le nom de son fils.

– Comme nous avions beaucoup travaillé toute la matinée et que la circulation sur la route avait été infernale, nous étions tous les deux assez fatigués. Les apéritifs que nous avons bus, à l'arrivée, nous ont fait le plus grand bien. Mais ils ont peut-être aussi accusé la fatigue. Pour dîner, nous attendions l'arrivée d'autres amis. Deux amis de Martin. Ils venaient de Lyon. Personnellement, je ne les avais encore jamais rencontrés.

– Des amis de Lyon..., répète à part soi le vieil homme, comme cherchant à situer les amis en question.

– Ils ont tardé à arriver. Et l'apéritif s'est prolongé...

Il suspend un instant le récit : un énorme chat angora vient de pénétrer dans la pièce, par une porte latérale entrouverte. Sans bruit, l'animal saute sur un guéridon et commence aussitôt à se lécher les pattes.

Dans son fauteuil, serrant toujours le pommeau de la canne, le vieil homme, immobile, a les yeux mi-clos. On pourrait le croire assoupi. Mais le silence se prolongeant, il rouvre les yeux et voulant montrer qu'il a parfaitement suivi le début du récit, il déclare :

– Je ne connais pas les Duvergne, ce couple chez qui vous étiez, mais je suppose que les amis de Martin que vous attendiez étaient d'anciens camarades de faculté.

– C'est exact, monsieur. Ils travaillent ensemble maintenant, également dans la publicité. Les Duvergne les avaient invités par l'intermédiaire de Martin pour discuter avec eux d'un projet qu'ils comptent mettre sur pied dans la région lyonnaise.

– Je vois…, dit le vieil homme, hochant la tête. Poursuivez, je vous prie.

– Quand la nuit est tombée, ils n'étaient pas encore arrivés. Nous commencions à être sérieusement inquiets. Ils avaient dit à Martin, au téléphone, qu'ils pensaient être chez les Duvergne en fin d'après-midi. Et le fait qu'ils ne téléphonaient pas pour donner les raisons de leur retard nous inquiétait doublement. Alors, à un moment, Martin s'est levé en nous disant qu'il allait descendre au village acheter des cigarettes, et surtout du champagne, s'il en trouvait, pour fêter les retrouvailles. Les Duvergne ont eu beau lui dire qu'ils avaient déjà mis deux bouteilles au frais et qu'ils avaient des cigarettes, Martin a prétendu qu'il voulait, lui, offrir le champagne. Il a ajouté que cela les ferait sans doute arriver. J'ai proposé à votre fils de l'accompagner, mais il a refusé, me disant que je m'étais assez fatigué à conduire tout l'après-midi. Et que, de toute façon, il n'en aurait pas pour longtemps. Qu'il faisait juste un aller-retour…

Le vieil homme accueille ces derniers mots par un petit gémissement. Embarrassé, il interrompt alors son récit. Il attend, espère un mot, un geste du vieil homme qui le dispenserait de poursuivre… Mais celui-ci le regarde toujours fixement, attendant la suite, comme pour se persuader de la réalité de la tragédie.

Il poursuit donc :

– Martin avait un peu trop bu, comme nous tous. Il était à jeun, sans compter la fatigue… En plus il bruinait légèrement, hier soir, sur toute la région. Nous ne savons pas exactement ce qui est arrivé. C'est seulement ce matin que la voiture a été retrouvée sur les rochers, au pied des falaises…

Le vieil homme émet un soupir de douleur. Il ferme les yeux, puis frappe deux fois, violemment, le plancher de sa canne. Le gros chat angora sursaute, suspend sa toilette, fixe un instant son maître de ses yeux verts. Ensuite, les oreilles toujours dressées, attentives, il se remet à se lécher les pattes.

Un silence lourd et tendu sépare à présent les deux hommes.

Tous deux semblent retenir leur souffle.

Dans la grande pièce ne s'entend plus que le léger cliquetis d'une pendulette empire posée sur le marbre de la cheminée.

Le vieil homme se redresse. Il regarde fixement, droit devant lui.

Au bout d'un moment, à nouveau gêné, le visiteur se lève, lui tourne le dos et s'approche de la porte vitrée donnant sur le parc.

La vue des grands arbres alignés au long des allées de gravier l'apaise. Il aperçoit, au fond, la ligne sombre des roseaux qui entourent l'étang dont Martin lui a parlé. Le ciel est bas. Il est en train de s'obscurcir lentement par l'est. Un orage éclatera peut-être dans le courant de la nuit.

Il entend soudain, dans son dos, le vieil homme lui poser une question :

– Et les amis de Lyon, que vous attendiez ?

Il se retourne, revient lentement s'asseoir.

–... Martin venait juste de quitter la maison quand ils ont téléphoné pour s'excuser de leur retard et pour nous annoncer qu'ils arrivaient. Ils n'étaient plus qu'à quelques kilomètres.

Le vieil homme pousse alors un ricanement étrange. Un ricanement qui se prolonge, qui le secoue nerveusement dans son fauteuil.

Ce ricanement donne des frissons au visiteur qui se met à penser que c'est la crise de nerfs attendue qui commence. Celle qu'il avait envisagée, tout à l'heure, en venant.

Mais, contre toute attente, le vieil homme se calme. Le pointant de sa canne, il lui demande soudain :

– Dites-moi, jeune homme, croyez-vous au destin ? Et croyez-vous à ce que l'on nomme communément « l'ironie du sort »… ? La fameuse ironie du sort dont sont victimes tous les héros des tragédies antiques ?

La question le surprend. Il ne sait que répondre.

– Eh bien, poursuit le vieil homme, vous en avez là une des plus belles illustrations. Vous ne croyez pas ?

Il s'interrompt un instant pour frapper à nouveau le sol du bout de sa canne. Puis, comme se parlant à lui-même, le regard perdu dans les dessins sombres du tapis, il reprend :

– Martin, mon fils, a eu son… son accident à cause de ses amis qui n'arrivaient pas. À peine a-t-il eu quitté la maison que ceux-ci se sont manifestés. Voilà bien ce que l'on peut appeler « une ironie du sort »…!

Le vieil homme relève la tête, regarde une nouvelle fois son visiteur.

– Martin vous a-t-il parlé de sa mère et de la mort tragique qu'elle a connue ?… Non, sans doute. Cela a été un tel traumatisme pour lui ! Eh bien, sachez qu'il s'agit là d'un autre bel exemple de l'ironie du sort ! Figurez-vous que sa mère est morte en allant à sa recherche… Elle le croyait perdu dans la forêt du Maine. En venant, vous avez dû traverser cette forêt. À l'époque, elle était bien plus vaste et bien plus touffue qu'elle ne l'est aujourd'hui. Martin avait alors une dizaine d'années. Il grandissait en vrai petit campagnard. Ce jour-là, il nous avait dit, après le déjeuner, qu'il « sentait les champignons ». C'était son expression. Il sentait donc les champignons et il avait décidé de passer l'après-midi à visiter « ses coins ». Il connaissait en effet des endroits, qu'il tenait jalousement secrets, où il avait tôt fait de remplir ses paniers. Nous étions en automne. La nuit tombe vite en cette saison. Au crépuscule, il n'était pas encore rentré. Nous nous sommes inquiétés. Ma femme a décidé d'aller à sa rencontre… Et voilà l'ironie du sort : c'est elle qui s'est perdue, dans la forêt et dans la nuit. Ne la voyant pas revenir, j'ai alerté les domestiques. Avec les chiens, nous avons organisé une sorte de battue, jusqu'à l'aube. Nous avons fait aussi appel aux gens du village. Son corps n'a été retrouvé que le lendemain matin, dans la mare du Tournay, enfoncé dans la vase. On ne voyait d'elle que sa chevelure et les doigts tendus d'une main.

Le vieil homme marque un temps d'arrêt. Puis il émet un nouveau ricanement.

– Et savez-vous où se trouvait Martin ? demande-t-il.

Il laisse un instant planer la question.

–… Au moment de sortir pour sa cueillette des champignons, il y avait subitement, et sans nous en prévenir, renoncé. Il avait passé tout son après-midi à lire dans sa chambre et il s'était endormi sur son livre… Ce sont les aboiements des chiens qui l'ont réveillé, et nous l'avons vu apparaître sur le seuil de la maison au moment même où nous partions à la recherche de sa mère…

Pendant que le vieil homme parlait, le chat a tourné un moment sur le guéridon, cherchant une position plus confortable.

Le vieil homme est arrivé au terme de son récit.

Le visiteur ne fait aucun commentaire.

C'est qu'en réalité Martin lui a déjà tout raconté de ce drame familial. Il lui en a dit, aussi, les conséquences… :

ce sentiment poignant de culpabilité qui, depuis, n'a cessé de le poursuivre, enfant puis adolescent. Et cette sorte de haine à l'égard de son père qui a su, délibérément, au fil des années, entretenir en lui ce sentiment.

S'il a laissé le vieil homme évoquer le drame sans l'interrompre, c'est que, dans leur face à face, ce qu'il redoute pardessus tout, c'est le silence.

Mais, à présent, le silence est là, de nouveau. Tendu. Pesant. Épais.

Sur le guéridon, le chat semble s'être endormi pour de bon, la tête posée entre les pattes.

La grande pièce feutrée s'est assombrie peu à peu. Le secrétaire Louis XV, dans l'angle, la bibliothèque Empire, contre le mur du fond, la glace vénitienne pendue entre les deux fenêtres à petits carreaux, le Christ en pierre sur le manteau de la cheminée ou la petite vitrine chargée de statuettes en albâtre, tout, chaque meuble, chaque objet, chaque élément du décor se charge d'ombre et de mystère. Ils donnent soudain l'impression de se mettre à vibrer à l'unisson, en correspondance magique les uns avec les autres.

Dans ce cadre où le plus insignifiant des objets est lourd de passé, chargé d'histoire, face au vieil homme qui, seul, en possède les clefs intérieures et secrètes, en ces instants où silence et pénombre pèsent de toute leur épaisseur, accusant la profondeur du drame qui préside à leur rencontre, le visiteur se sent fasciné, mais aussi terriblement oppressé.

Pour la seconde fois depuis son arrivée, les coups sourds d'une horloge retentissent, et, presque aussitôt, la pendulette sur le marbre de la cheminée se met à leur répondre. Ces rappels du temps raniment le vieil homme.

–... Voilà que le soir tombe, dit-il d'une voix étrangement posée, de laquelle toute émotion semble avoir disparu.

Il fait un geste avec sa canne.

– Voudriez-vous, jeune homme, allumer la lampe qui se trouve sur la table basse, près de vous ?

Le visiteur s'exécute. Une lumière dorée vient alors faire doucement reculer l'ombre en la morcelant.

Le vieil homme reprend et la parole et le fil des pensées qu'il a précédemment exprimées :

– L'ironie du sort ! s'exclame-t-il à nouveau. Ne distinguez-vous pas également une ironie du sort dans le fait que ce soit vous, l'un de ses meilleurs amis, qui ayez été contraint de venir m'annoncer la nouvelle ? Ou encore dans le fait que ce soit en de pareilles circonstances que nous fassions tous les deux connaissance... ?

Il ne répond toujours pas. Il se contente de relever une mèche de cheveux tombée sur son front, puis de hocher la tête en guise d'assentiment.

– Sachez en tout cas, poursuit le vieil homme, que je vous suis infiniment reconnaissant d'être venu jusqu'ici, malgré la fatigue et l'émotion qui doivent être les vôtres pour avoir vécu d'aussi près le drame... Malgré, aussi, le caractère pénible d'une pareille mission. Vous êtes courageux, jeune homme, de vous en être chargé. Je suis heureux et fier que Martin ait eu un ami tel que vous...

Gêné par le ton solennel et l'emphase de son interlocuteur, le visiteur ne peut alors s'empêcher de l'interrompre pour lui dire :

– Rien de plus naturel, monsieur. Quoi qu'il en soit, ne vous inquiétez surtout de rien. Les Duvergne s'occupent, sur place, de tout ce qui concerne l'enquête de gendarmerie au sujet de l'accident. Et c'est d'un commun accord, avec les policiers, que je me suis chargé de venir vous prévenir en premier. La gendarmerie la plus proche de chez vous enverra quelqu'un, sans doute demain matin, pour vous rencontrer.

Le vieil homme a un geste de lassitude, puis il murmure :

– Sans doute le brigadier Bouvert, ou peut-être ce brave Clancier… Mais je préfère avoir appris la nouvelle de votre bouche, jeune homme, je vous l'avoue.

Ne laissant pas le silence se réinstaller, il se lève en s'aidant de sa canne.

– Vous ne m'en voudrez pas de ne pas vous tenir plus longtemps compagnie,… l'émotion m'a épuisé, et, à vrai dire, mon âge avancé ne m'aide guère à la surmonter comme il le faudrait.

Le visiteur se lève à son tour.

– Vous allez certainement juger que je vous reçois fort mal, mais en ces circonstances pénibles vous me le pardonnerez sans doute, n'est-ce pas?… Le couple de domestiques que j'emploie est malheureusement absent pour cinq jours. Comme chaque année, à cette date, ils vont se recueillir sur la tombe de leur fille, à Marzac, un petit village du Limousin. La malheureuse y a été fusillée par les Allemands en 44, avec son mari et les parents de celui-ci. Ils étaient soupçonnés d'avoir hébergé des résistants… Ils ne manquent jamais ce triste pèlerinage du souvenir. Ils n'avaient que cette fille…

S'interrompant, le vieil homme pousse un soupir d'impuissance avant de reprendre :

– La disparition de Martin va les affecter terriblement, eux aussi! Ils avaient reporté toute leur affection sur lui. Il était devenu un peu leur fils… Bien, je vous laisse… Mais vous êtes ici chez vous, jeune homme, sachez-le. Vous trouverez très certainement à l'office quelque chose pour vous restaurer.

– Ne vous faites pas de souci pour moi, monsieur, répond-il à son hôte. Je trouverai. De toute façon, je n'ai guère d'appétit et je suis moi-même épuisé, c'est vrai.

Se dirigeant vers le secrétaire Louis XV, le vieil homme dit alors :

– Je vais vous donner les clefs du petit pavillon que vous avez vu à l'entrée du parc. Vous y serez mieux, et ainsi vous pourrez repartir demain quand bon vous semblera. Ne vous croyez surtout pas tenu de venir me saluer. J'ai pour habitude d'aller faire une longue promenade en forêt, chaque matin. Vous risqueriez d'avoir à m'attendre longtemps…

Il ouvre un tiroir, en sort un trousseau de clefs, repousse le tiroir.

– Les voici, dit-il. Vous n'aurez qu'à les laisser sur la table de la cuisine quand vous aurez pris votre petit déjeuner. Une fois encore, merci pour ce que vous avez fait. C'est une bien belle preuve d'amitié que vous venez de rendre à Martin…

Un miaulement doux les fait se retourner tous deux.

Ayant vu son maître debout, le chat s'est remis sur ses pattes. Il fait, un instant, le gros dos, puis saute du guéridon et file par la porte entrouverte.

– Quand vous irez à l'office, seriez-vous assez aimable pour donner à manger à Pacha ? Merci… Au revoir jeune homme, je vous souhaite une bonne nuit.

S'aidant de sa canne, le vieil homme quitte la pièce et en referme la porte. Le bruit de ses pas décroît et va se perdre dans le silence de la grande demeure.

Ce silence a une qualité étrange. Il est épais, presque palpable.

C'est ce que le visiteur se dit après le départ de son hôte.

Au lieu de gagner la cuisine, il s'approche de la bibliothèque pour y choisir un livre. Il n'a pas faim,… et le chat attendra.

Passant le long du bureau, il remarque un portrait, posé à la verticale contre le pied d'une lampe.

C'est la photo d'une femme. Son visage a été pris d'assez près, et de trois quarts. Elle sourit, le regard dirigé vers l'objectif. Elle a des cheveux longs, noirs et dénoués. Elle n'est pas belle, à proprement parler, mais un charme certain émane de son visage. Un charme fait de vivacité dans le regard, de naturel dans le sourire.

Il se dit qu'elle lui rappelle quelqu'un. Sur le moment, il ne saurait dire qui. Il allume alors la lampe de bureau et place la photo-portrait en pleine lumière, pour mieux l'examiner.

Il la fixe un long moment et, subitement, le déclic s'opère. Cette femme ressemble étrangement à l'ouvreuse du cinéma où il a l'habitude d'aller plusieurs fois par semaine. Même profil, même coupe de cheveux, même port de tête.

Il repose le cadre à sa place, contre le pied de la lampe. Il éteint celle-ci. Puis ayant tiré un livre de l'un des rayons de la bibliothèque il retourne s'asseoir.

Il allume enfin une cigarette. Il n'a pas osé fumer pendant l'entretien avec le père de Martin. Il y a un petit cendrier en argent sur la table basse, à côté du trousseau de clefs.

Il conserve un moment le livre fermé, sur ses genoux. C'est un volume des Fables de La Fontaine, illustrées par Grandville. La couverture d'un bleu profond est ornée d'élégantes dorures. Il la caresse distraitement du plat de la main tout en fumant.

Il s'abîme ensuite dans la contemplation de la pièce. Elle lui est devenue familière. Les descriptions que Martin lui a faites de cette demeure correspondent à ce qu'il peut en voir et à l'image qu'il en avait avant de s'y trouver. Calme, recueillement, respiration douce du passé…

Repensant au vieil homme, il réalise à quel point ce dernier l'a impressionné. Ce que Martin lui en avait dit ne fait que renforcer ce sentiment.

« Mon père est une sorte de hobereau, vestige d'une autre époque. Il ne m'a jamais pardonné la mort de ma mère… Elle était beaucoup plus jeune que lui et il en était encore follement amoureux lorsqu'elle a disparu. C'est alors qu'il s'est plongé dans la retraite forcée qu'il n'a plus quittée depuis.

« À ses yeux, j'étais le coupable. Il ne semble jamais s'être dit qu'il aurait pu accompagner ma mère dans ses recherches, et que, s'il l'avait fait, rien ne serait arrivé. Ma mère ne se serait pas perdue. Il connaît bien mieux la forêt qu'elle ne la connaissait! Ou alors, c'est peut-être justement parce qu'il s'est senti lui-même coupable qu'il a cherché comme ça, à me charger, moi, du poids de cette culpabilité.

« Dès qu'il a pu, il m'a envoyé chez les Jésuites, à Bordeaux. Et il m'y a oublié… Jamais il ne m'a fait revenir à la maison pour les vacances, celles de Noël, ou celles de Pâques. Même pour les grandes vacances il s'est à chaque fois arrangé pour m'envoyer en colonie, ou au pair, en Angleterre ou en Espagne. Depuis l'âge de treize ans, je n'ai pas dû passer deux semaines consécutives à la maison. C'est même pour cette raison que je suis allé faire la fac à Lyon au lieu de rester à Bordeaux! Pour ça, seulement pour ça : pour être le plus loin possible de lui.

« Maintenant il vieillit seul, entre ses vieux domestiques. Il n'a pratiquement plus d'amis. Il les a tous découragés. Même chose avec les parents lointains, de vagues cousins et cousines… Il reçoit d'eux un coup de téléphone, de loin en loin, c'est tout.

« Quand je décide d'aller le voir, il me reçoit en étranger. J'occupe un petit pavillon, hors de la maison. Et ce sont les domestiques qui m'accueillent, eux, comme leur propre enfant ! Va comprendre quelque chose à ça !… C'est sans doute la raison de ma haine envers lui. C'est vrai, de la haine, je ne te mens pas. Entretenir une rancune pendant plus de vingt ans à l'égard de son propre fils, tu imagines ? Cet homme est d'un autre temps… Il a au moins deux siècles de retard ! Il a l'âge et l'esprit de la maison dans laquelle il vit et de tout le mobilier qui l'entoure !

«… Je sens pourtant qu'au fond de lui, il m'adore. C'est une certitude. Si je venais à disparaître, il ne pourrait le supporter. Aussi étrange que cela puisse paraître, je sais que c'est moi qui le fait encore vivre. Je représente sa dernière raison d'être. Je suis son dernier lien avec le souvenir de ma mère. Je suis aussi celui qui porte son nom, et pour lui c'est une chose importante… Le dernier descendant, tu imagines ? »

Combien de temps est-il resté assoupi, le chat Pacha sur les genoux, après avoir refermé le livre et l'avoir posé sur la table basse, à côté du trousseau de clefs et du cendrier ?

Combien de fois la grosse horloge et la pendulette se sont-elles fait écho, soulignant le silence de la nuit, avant que celui-ci ne fût déchiré par le claquement sec et brutal de la détonation ?

Le chat a bondi de ses genoux et s'est enfui.

Éveillé en sursaut, il n'a pas réalisé tout de suite où il se trouvait, ni quel avait été le bruit qui l'avait si violemment tiré du sommeil.

Ses yeux se sont posés sur le grand fauteuil tapissé de velours grenat, en face de lui. Il a alors repris conscience du lieu et de la situation. Il a aussi saisi, d'un coup, ce qu'avait pu être le bruit…

Sautant sur ses pieds, il court vers l'escalier, renverse au passage un guéridon qui s'écroule, faisant à nouveau éclater le silence. Il peste, tâtonne le long des murs à la recherche d'un interrupteur. Puis il monte quatre à quatre jusqu'au premier.

Là, déjà haletant, il se prend les pieds dans un tapis, manque de tomber, se redresse en poussant un juron. Il ouvre une première porte, une deuxième. La troisième est la bonne.

Une grande chambre éclairée.

Il y pénètre en trombe et se fige aussitôt.

Sur un imposant lit à colonnes, le père de Martin gît, la tête dans une mare de sang, qui s'élargit encore. Ses yeux sont grands ouverts sur le vide. Un petit revolver noir repose sur la descente de lit.

« Comme dans les films… », pense-t-il en un éclair.

Sur le marbre de la table de nuit, à côté du stylo et de la lampe de chevet, posée bien en évidence, une feuille sur laquelle sont tracés quelques mots.

Il s'approche.

« Que Dieu me pardonne et qu'il ne m'empêche pas de retrouver les miens. »

D'un bond, il fait volte-face et quitte la chambre. Il en fait claquer la porte derrière lui, puis dévale l'escalier.

Au passage, il éteint le lustre qu'il avait allumé, remet sur pied le guéridon tombé et regagne le bureau. Il s'empare du trousseau de clefs et va le replacer dans le tiroir du secrétaire Louis XV. Puis il reprend son blouson, éteint la lampe sur la table basse, sort par la porte vitrée donnant sur le parc et la referme derrière lui.

Il court jusqu'à la voiture qu'il distingue, forme noire, garée sous un grand arbre.

L'herbe est toute mouillée. Il s'est remis à bruiner.

Il a quelque difficulté à démarrer. Il ne sait trop si la raison en est l'humidité ambiante ou cet état soudain de surexcitation qui le fait presque trembler.

Un moment plus tard, il atteint la cabine téléphonique qu'il avait repérée en venant. À la sortie du village.

Il arrête la voiture, en éteint les phares et pénètre dans la cabine.

Sa main tremble encore légèrement lorsqu'il compose le numéro. C'est un numéro qu'il a appris par cœur.

On lui répond, et il demande qu'on veuille bien aller chercher monsieur du Maine. À la table de jeu numéro sept, sans doute, comme d'habitude. Que c'est urgent…

On lui dit de bien vouloir patienter. Qu'on va prévenir monsieur du Maine.

Le moteur de la voiture, garée devant la cabine, tourne au ralenti. On croirait entendre le ronronnement d'un très gros chat.

Quelqu'un lui parle enfin, à l'autre bout du fil.

Il s'écrie alors :

– Martin ?… Oui, ça y est ! C'est gagné, mon vieux ! Tu peux doubler tes mises… Mais oui, puisque je te le dis. Je t'assure… Non, tu avais raison, je n'ai rien eu à faire… Oui, tout est en ordre… D'accord. On s'appelle demain. Salut.

7. SORTIE DE CINÉMA

Sortie de cinéma. Salle n° 2. Dernière séance.

Dans le hall, l'éclat cru des néons et des miroirs rend les visages blafards. Le film n'est pas de ceux qui égaient l'âme et qui rendent optimiste. Chacun sort replié sur sa propre émotion.

Quelques parapluies s'ouvrent avec un bruit sec de papier froissé.

Le petit groupe silencieux se disperse rapidement.

Certains regagnent leurs voitures stationnées sur le parking central de la Grand-Place. Claquements de portières. Rugissements incongrus de moteurs, qui dérangent le silence.

Quelques autres, deux ou trois couples enlacés sous des parapluies, se dirigent à pas lents vers le café-tabac, encore ouvert, dont on voit la baie vitrée illuminée, de l'autre côté de la Place.

Les derniers, silhouettes solitaires, se fondent furtivement dans la muette obscurité des rues.

Lui, guetteur, il a attendu, derrière le tronc d'un arbre, que tous se fussent éloignés pour s'approcher.

Il demeure là, sur la première marche du seuil, à contempler les affiches et les photos des prochains films annoncés. Il n'a pas rabattu la capuche de son blouson. De longues mèches noires lui retombent sur le front. Il les relève régulièrement d'un revers de main ou d'un petit coup de tête vers l'arrière.

Tandis qu'il regarde fixement, fasciné, la photo d'une actrice noire en tenue légère, il surprend un bruit de talons derrière lui. En reflet sur la vitre, il distingue la silhouette d'une femme en imperméable noir qui passe.

Soudain, les néons des vitrines s'éteignent. Puis l'enseigne rouge et jaune du Multi-Ciné cesse également de clignoter.

Une dernière voiture longe lentement le trottoir et s'éloigne, laissant derrière elle un tourbillon de vapeur blanche. Le silence feutré de la nuit reprend peu à peu possession de l'espace.

Un employé sort fermer les grilles. Il a déjà enfilé une veste de cuir, des gants et un casque de moto. Sans doute le projectionniste. Raclement métallique. Il n'a pas un regard pour l'homme en blouson, toujours planté là, le nez levé vers les affiches.

Les grilles sont à présent fermées, hostiles.

L'employé s'est accroupi pour placer les énormes cadenas.

L'homme au blouson se décide alors.

Enfilant l'avenue, il quitte les lieux.

À une centaine de mètres devant lui, une femme avance, à petits pas rapides, serrée dans un imperméable en caoutchouc noir. Elle semble avoir la tête enveloppée dans un foulard ou une capuche.

L'humidité imprègne tout. L'air, le sol, les grands platanes de la place, les façades grises des vieux immeubles du centre. C'est une bruine qui n'en finit pas de se déposer sur la ville.

À la clarté des réverbères, elle tisse un suaire de fils argentés.

La présence de cette femme et la sienne accusent l'espace béant des rues.

Elle avance. Petits pas rapides et nerveux.

Il perçoit le claquement sec et régulier de ses talons.

Lui avance sans bruit. Il est chaussé de tennis blanches à semelle souple.

Il la voit traverser l'avenue, s'engager dans l'une des rues piétonnes. Il sait déjà qu'il va devoir la suivre un moment. Au moins jusque sur l'autre versant du vieux quartier.

Elle longe à présent une vitrine, la seule illuminée, avant de disparaître entre les façades rapprochées de deux immeubles.

Il a les mains humides. Il doit s'y prendre à deux fois pour allumer sa cigarette. Parvenu au bout du trottoir, il traverse à son tour. L'avenue est déserte. Les feux tricolores des carrefours sont au rouge. Il n'y a pas une seule voiture en vue. Pas un piéton. Un souffle humide venu de la ruelle apporte avec lui, au ras du sol, un feuille de journal et un sachet en plastique translucide.

La nuit donne à la ville un air d'abandon. C'est le dédale obscur de quelque mauvais rêve.

Il frissonne, hâte le pas.

Engagé à son tour dans la ruelle qui s'enfonce vers plus d'obscurité, il aperçoit la silhouette de la femme et distingue à nouveau le bruit sec des talons.

C'est à lui de passer le long de la vitrine illuminée, sous le regard creux des mannequins au sourire figé.

Il suspend un très court instant ses pas, tenté de faire halte pour laisser à la femme le temps de s'éloigner. Mais en réalité il n'en fait rien et il poursuit sa marche, sans s'arrêter vraiment.

La distance qui les sépare l'un de l'autre s'est réduite.

Elle s'amenuise encore au moment où la femme marque une courte pause. Il la voit se pencher sur le côté, le bras étendu, comme pour remettre en place l'un de ses souliers. Elle l'aperçoit alors, ombre silencieuse, qui vient vers elle.

Elle se redresse vivement et repart.

Entre les parois de pierres, le claquement des talons se répercute. Il emplit tout l'espace de la ruelle. Il déchire l'humide épaisseur de l'air.

D'une petite impasse, sur la gauche, un chat a surgi, qui détale aussitôt.

Les vitrines éteintes des magasins et des boutiques ressemblent à des cavernes profondes.

La femme marque à nouveau un léger temps d'arrêt. Même mouvement vers son pied gauche. Une bouffée de la cigarette le fait alors tousser. Un toussotement discret mais répété. La femme l'a entendu. Elle reprend aussitôt sa marche. Le rythme du martèlement s'accélère. Il se fait un peu moins assuré. Moins régulier aussi, peut-être.

Même en ralentissant son pas comme il le fait, ses enjambées le rapprochent d'elle, inexorablement.

Un sourd malaise s'est mis à le gagner. La présence de cette femme lui devient peu à peu obsédante. Il souhaiterait la voir disparaître. Ne plus avoir à la suivre. Ne plus avoir à suivre cet imperméable en caoutchouc noir qui luit étrangement à la clarté de chaque réverbère. Ne plus entendre non plus le claquement lancinant des talons sur les pavés. Ne plus percevoir ces vibrations diffuses de crainte qui émanent d'elle.

Il se dit qu'au carrefour suivant elle va peut-être tourner à gauche. Lui doit tourner à droite et il voudrait la voir tourner à gauche.

Elle a atteint le carrefour. Il a soudain la gorge serrée.

Elle tourne, à droite, et disparaît brusquement. Mais il perçoit toujours, plus amorti, le piétinement de ses talons.

Un pincement lui serre le cœur.

Continuer à la suivre lui apparaît subitement impossible. Il voudrait pouvoir changer de direction. Il voudrait pouvoir échapper à la mystérieuse logique qui s'est mise en place et dont il se sent prisonnier.

Malgré sa hâte à se retrouver protégé de la nuit, de la bruine et du silence, entre les murs de son studio, il ralentit encore sa marche.

À nouveau le claquement sec des talons. Le corps hostile qui sautille, serré dans son imperméable noir. Et à nouveau ces vibrations de peur…

Il a beau avoir ralenti son allure, il se rapproche toujours. Il distingue à présent nettement, lorsqu'elle passe sous un réverbère, les impressions jaunes et rouges de son foulard.

Un peu plus loin, il surprend la manière discrète avec laquelle, tout en trottinant, la jeune femme jette de rapides coups d'œil derrière elle, sans vouloir vraiment tourner la tête.

Ils sont emportés, l'un et l'autre, dans le vertige d'un malaise partagé.

Les claquements de talons, plus rapprochés, lui font l'effet de petites gifles cinglantes.

Il se met à maudire ce corps qui ne cesse de lui barrer la route. Qui le tient ainsi, en alerte. Qui crée un obstacle entre lui et son désir pressant de se trouver au sec, dans son lit.

La ruelle amorce une pente assez raide.

Le claquement des talons devient plus hésitant. Sans doute craint-elle de glisser sur le pavé mouillé. Lui ne risque rien. Ses chaussures adhèrent bien au sol.

Au bas de la ruelle, juste après la courbe, au-delà des façades ventrues de ces vieilles demeures, un nouveau carrefour. Il en distingue déjà l'intermittente lueur orange des feux de signalisation.

Il ne peut plus détacher le regard de ce dos, légèrement courbé en avant, qui sautille, à quelques mètres de lui.

Pourvu que, cette fois-ci, elle ne tourne pas à droite!...

C'est une prière silencieuse qu'il se lance à lui-même.

Pourvu qu'elle ne tourne pas à droite!...

Claquement des talons. Caoutchouc noir et luisant.

Pourvu qu'elle ne tourne pas à droite!...

Le feu orange clignote avec une régularité si parfaite qu'elle en devient angoissante.

Elle y est presque.

Il veut la voir traverser la rue, gagner l'autre trottoir et filer, droit vers les rives du fleuve. Il veut la voir traverser. Tout son esprit est concentré sur cette pensée. Il veut la voir traverser... mais il sait déjà : parvenue au coin, il la voit tourner à droite, sans la moindre hésitation, d'un petit mouvement brusque de la hanche, indifférente à l'avertissement impératif et régulier des flashes oranges du feu de signalisation.

Il a aussitôt senti sa gorge se nouer. Son cœur se mettre à battre de violents coups sourds dans la poitrine.

Une rage étrange l'envahit. Il tourne à droite, lui aussi.

Le bruit d'un moteur.

Deux phares jaunes ont surgi au bout de la rue. Ils se rapprochent. Lui n'est plus qu'à cinq ou six pas derrière elle. Son ombre, étirée par la lueur des réverbères, l'atteint presque.

Elle se retourne, juste le temps de comprendre qu'il a tourné aussi et qu'il la suit toujours, qu'il la talonne. Lui n'a pas eu le temps d'apercevoir son visage.

La voiture approche.

Il a la soudaine certitude qu'elle va faire signe. Qu'elle va lever un bras dans un appel de détresse. Une brusque terreur le saisit. Il ne faut pas! Un instant, il pense à lui crier de ne pas faire l'idiote. D'arrêter de se faire peur. Qu'elle n'a rien à craindre. Qu'il ne fait que rentrer chez lui.

Elle marque, en effet, un bref instant d'hésitation au moment où la voiture parvient à leur hauteur.

Il presse alors le pas, en proie à la panique. En trois enjambées le voilà tout près d'elle, à presque la toucher.

La voiture passe rapidement, soulevant de fines gerbes d'eau.

Elle l'a senti venir, elle se retourne.

Il voit son visage fardé. Pâle sous le foulard rouge. Une femme d'environ trente ans, se dit-il. Sans charme. Il ne croit pas l'avoir jamais vue d'aussi près.

Il lit dans les yeux écarquillés qui le fixent l'effroi qui s'est emparé d'elle. Elle ouvre la bouche. Le bruit du moteur décroît.

Elle va crier, c'est certain. Elle va pousser un hurlement qui déchirera le silence, écartèlera la nuit, éveillera le quartier, la ville entière…

Il l'attrape par un bras. Il veut lui dire d'arrêter, de ne pas crier, mais aucun mot ne sort de sa bouche. Il lui serre le bras. Elle ne crie pas. Elle a la bouche ouverte, mais elle ne crie pas.

Elle cherche seulement à se dégager, violemment. Un faux mouvement la fait glisser. Elle s'écroule tout à coup à ses pieds, se raccrochant maladroitement à son blouson, le tirant lui aussi vers le bas.

Un étrange silence préside à leur danse macabre.

Il s'étonne qu'elle n'ait pas crié. Qu'elle ne crie pas. Elle va sûrement le faire maintenant.

Elle est étalée de tout son long. Lui est tombé à genoux. Il la chevauche. Elle respire fort. Il se penche un peu plus vers elle. Se dégage d'elle un parfum bon marché, peut-être une simple eau de Cologne. Il cherche à lui plaquer une main sur la bouche. Elle se débat, tente de se redresser.

Ils font haleter l'épaisseur du silence.

Il a les deux mains sur son cou. Il serre. Il faut absolument l'empêcher de crier. Des bribes de pensées lui traversent l'esprit : il ne veut pas lui faire de mal. Qu'elle le laisse donc en paix. Qu'elle le laisse aller son chemin. Pourquoi a-t-elle tourné à droite ? Il y a de la rage dans ses mains. Il se soulage enfin de la tension de cette longue marche derrière elle. Il serre toujours. Il ne sent pas sa force. Il ne veut pas qu'elle crie, c'est tout. Il ne veut pas qu'elle crie…

Ses paumes s'enfoncent dans les chairs molles. Des cartilages et des tendons jouent sous ses doigts crispés. Étrange sensation.

Elle est sur le dos. Elle a écarté les bras en croix. Elle les agite cinq ou six fois. Son imperméable crisse de façon déplaisante. On dirait la peau d'un reptile agité de soubresauts. Il en éprouve du dégoût. Il serre encore.

Elle cesse soudain de se débattre. Elle devient aussi flasque que le caoutchouc noir de son imperméable.

Il se redresse. Il a le souffle court. Ses jambes tremblent.

Deux boutons de l'imperméable ont cédé. Elle porte en dessous une robe en tissu imprimé. Rouge et jaune. Assortie au foulard.

Le corps est étalé dans une position obscène, comme offert.

Il a un début de nausée.

À nouveau un bruit de moteur, quelque part, sur la gauche.

Les feux clignotants orange du carrefour lancent comme un appel de détresse.

Il se ressaisit, enjambe le corps.

La rue qui s'étend devant lui est déserte.

Il se met à courir. Comme un fou. Bouche ouverte. Écartant de ses bras le fin voile de la bruine.

8. AU CAFÉ

– Dis-moi, Marcel, tu te vois, toi, en train d'serrer l'kiki à un malheureux p'tit bout d'femme ?

Le patron finit d'essuyer la soucoupe, la pose sur l'étagère et se retourne.

– Et qui te dit que c'est pas moi qui ai fait l'coup ?

Le client se met à rire, boit une gorgée de bière et déclare, son verre à la main :

– N'empêche que c'est dégueulasse ! Et pas qu'un peu ! J'la connaissais de vue, moi, la p'tite ouvreuse du Multi-Ciné, pas toi ? Pas jolie jolie, pour sûr, mais souriante, avenante, comme il faut être dans c'boulot-là.

Il boit une autre gorgée et poursuit :

– Le problème c'est qu'elle avait loin à aller. Tu t'rends compte qu'elle s'tapait tout le trajet à pied, et la nuit par-dessus l'marché ! Pour sûr, le patron du cinoch est responsable de c'qui lui est arrivé. Il aurait dû la lâcher longtemps avant la fermeture. Pas vrai ?

En posant sa question, il s'est tourné vers l'homme en blouson gris qui boit un demi, non loin de lui, au comptoir. C'est un homme jeune, au visage un peu anguleux, avec une tignasse de cheveux noirs qui fait un peu chien fou.

Ils sont les deux seuls clients.

Le jeune homme le regarde, impassible, comme s'il n'avait pas entendu la question. De toute évidence il ne tient pas à prendre part à la conversation.

Déçu, le client revient au patron toujours occupé à essuyer les soucoupes de tasses à café.

– Mets-toi un peu à la place du type qui lui a sauté dessus… Faut quand même être un sacré lâche, non ? Qu'est-ce que t'en penses, Marcel ?…

Le patron hoche la tête. Il pose une dernière soucoupe sur la pile, leur fait face et déclare :

– Encore un cinglé ! Y en a d'plus en plus qui traînent dans les rues. Moi j'dis qu'le soir, passée une certaine heure, les femmes devraient toutes sortir accompagnées d'un loustic comme Tintin. Elles risqueraient plus rien et les gars prendraient vite le large, ça j'vous l'dis…

D'un geste de la main, il a désigné le berger allemand couché à ses pieds.

Le jeune homme se penche légèrement par-dessus le comptoir. et regarde la bête. Celle-ci a dressé les oreilles en entendant son nom.

– En voilà un qui n'en aurait fait qu'une bouchée, ajoute le patron en les regardant tour à tour, j'peux vous l'garantir…

Il s'essuie les mains au torchon pendu à sa ceinture et répète, d'un air entendu :

– Ouais, j'peux vous l'garantir.

Le jeune homme pose son verre et s'éloigne en direction des toilettes. Avant que la porte ne se referme sur lui, il entend le client déclarer :

– Sûr qu'ça doit être un détraqué qu'a fait l'coup, mais

écoute-moi, Marcel, un mec pareil en liberté, c'est rassurant pour personne…

Les toilettes sont exiguës et peu éclairées.

Il se regarde un moment dans le miroir pendu au-dessus du lavabo. Il se dit qu'il a maigri ces derniers temps. Qu'il lui faudrait manger mieux, à heures plus régulières. Les cernes autour de ses yeux se sont creusés. Il se dit encore qu'il devrait peut-être changer de coupe de cheveux. Supprimer les mèches qui lui tombent sur le front.

Il jette un coup d'œil à sa montre avant de se savonner les mains. Onze heures dix. Martin a du retard. S'il n'est pas là à la demie, pense-t-il, je fous le camp…

Il se rince longuement les mains, puis les sèche au torchon pendu à côté de la porte.

Lorsqu'il revient dans la salle, il entend le patron affirmer à son client :

– J'te l'répète, Bertrand, ils tarderont pas à l'coincer. Des gars comme ça, c'est des p'tits rigolos, ça s'fait toujours coincer un jour ou l'autre.

– Vaudrait mieux alors qu'ils s'le coincent vite fait bien fait, répond le client. Avant qu'il en zigouille une autre !

Il boit une gorgée de bière, et poursuit :

– C'est pas pour dire, mais j'ai comme dans l'idée qu'c'est un d'ces arabes qu'on voit vadrouiller l'soir qui a fait l'coup. T'en as plein qui sont là, sans nana, et qui cherchent une occase pour s'faire tirer un coup à l'œil. Ça doute de rien des mecs comme ça. En plus, c'est des types au sang chaud. Y peuvent pas voir une gonzesse sans vouloir aussitôt s'la taper. Alors si la belle refuse, allez, hop !, j'te lui serre l'kiki parce qu'elle a pas serré l'zizi, et basta, j'file. Et ni vu ni connu…

Le patron a un hochement de tête dubitatif.

– C'est pas mon avis, Bertrand. Moi, tu vois, dit-il, j'pense pas qu'ce soit un d'ces mecs-là. Tu sais, ils ont pas intérêt à faire ce genre d'conneries, autrement on t'les renvoie vite fait d'où ils viennent…

Il a regagné sa place au comptoir.

Il a repris son verre et l'a fini d'un trait. Puis il a tourné le dos au patron et à son client et il s'est mis à regarder dehors.

Il ne pleut plus, mais les trottoirs sont détrempés et déserts. Les voitures passent en soulevant des gerbes d'eau. Des torrents coulent le long des caniveaux.

Il aperçoit soudain Martin, engoncé dans un anorak bleu foncé, un sac en plastique à la main. Il le voit traverser la rue, venir vers le café et en pousser la porte.

Il se sent soulagé.

Martin s'approche. Son anorak trempé.

– Salut, vieux. Je te trouve enfin ! Il a vraiment fallu que j'y mette du mien !

Ils se serrent la main.

– On va s'asseoir ? demande-t-il.

Martin acquiesce d'un hochement de tête.

Tous deux s'installent à une table. Au fond de la salle, près des fenêtres.

– Qu'est-ce qu'on vous sert ? demande le patron, haussant la voix.

– Deux demis, répond Martin. C'est ça que tu buvais, non ?

– Oui, c'est ça, dit-il.

Ils se sont assis face à face.

Martin s'est défait de son anorak. Il a posé le sac en plastique sur la banquette, à côté de lui. Il a l'air tendu. Il jette de fréquents coups d'œil par les vitres, sans rien dire, en attendant que le patron vienne les servir.

Le silence se prolonge.

Lui, il observe Martin, longuement, puis il allume une cigarette.

Le patron pose devant eux les demis et regagne le comptoir.

Martin se saisit aussitôt de son verre. Il boit une longue gorgée, goulûment.

– J'avais une de ces soifs, s'exclame-t-il.

Il repose le verre. La mousse en couronne le bord. Il y en a aussi un peu qui coule le long du pied et qui vient s'étaler sur le sous-verre en carton.

Il boit à son tour, après avoir posé sa cigarette dans le cendrier en plastique orange.

Martin s'essuie les lèvres d'un revers de la main. Il sort une boîte de cigarillos, en prend un, le fait tourner un instant entre ses doigts, puis l'allume. La pochette d'allumettes qu'il pose sur la table est une pochette publicitaire. Il peut y lire : *Hôtel Marignan.*

Rejetant la fumée de sa première bouffée, Martin demande :

– Alors, vieux, explique-moi un peu ce lapin que tu m'as posé hier soir. J'ai attendu deux bonnes heures, comme un con, dans ma voiture, là où tu m'avais dit, en face du n° 26, près du carrefour. C'est en principe interdit de stationner et j'ai été obligé de laisser mes feux de détresse en marche ! Tu sais, je t'ai maudit plus d'une fois..., je t'assure. Alors, quoi ?...

Lui fait un geste d'excuse et il repose son verre.

– J'ai eu un empêchement imprévu, dit-il, laconique. Je suis désolé. Il était trop tard pour te prévenir de ne pas y aller…

– En tout cas, laisse-moi te dire que j'ai trouvé le temps long ! Tu aurais pu au moins m'appeler sur le portable ! Enfin, bon…

Tintin, le berger allemand, est sorti de derrière le comptoir. Il fait un tour de salle, lentement, les pattes lourdes, puis il va s'allonger près de la porte.

Martin, qui a observé un moment l'animal, reprend :

– Si je ne t'avais pas eu ce matin au bout du fil, je repartais aussi sec,… enfin façon de parler, avec la flotte qui n'arrête pas de tomber dans ce bled pourri ! Je t'assure que cette ville m'angoisse. Chaque fois que j'y viens, je me sens mal à l'aise. Je sais pas pourquoi, mais ça ne rate jamais.

– Où as-tu dormi ? demande-t-il.

– Je ne voulais évidemment pas passer chez toi, de toute façon tu ne devais pas y être puisque j'ai appelé plusieurs fois sans succès.

– C'est vrai, acquiesce-t-il, je suis rentré tard.

– Eh bien, j'ai pris une chambre dans un hôtel, du côté de la gare. L'hôtel *Marignan*, si tu connais… Plus que tranquille, très provincial. Je me suis vraiment demandé ce que je foutais là !

Il laisse Martin parler, soufflant la fumée de cigarette vers le plafond.

Tout à coup, la voix du client traverse la salle :

– Tu m'en mets une dernière, Marcel ? Après j'file, j'ai encore deux livraisons à faire avant midi…

Le patron qui était occupé à plier des torchons sur une table regagne son comptoir.

– Tu n'es pas très causant aujourd'hui, note Martin.

– J'ai eu une nuit assez agitée…

Martin a un petit ricanement.

– Je vois, dit-il. Encore qu'il faudrait m'expliquer comment on peut réussir à avoir des nuits agitées dans un bled pareil !

Lui, il se contente de hausser les épaules et déclare :

– Toi, par contre, tu me parais plutôt nerveux aujourd'hui…

– Oui, confirme Martin. Mais n'oublie pas que j'ai toute la route à faire dans l'autre sens. Et que j'ai rendez-vous, là-bas, sur le coup de cinq heures avec un entrepreneur. Je me suis décidé à faire construire une piscine dans le parc. Tu sais, sur le côté gauche de la maison, quand on lui fait face. Tu vois où je veux dire ?

Il hoche la tête. Martin semble attendre quelques mots d'approbation à propos du projet, mais il ne fait aucun commentaire, il demande simplement :

– Qu'est-ce que tu as fait hier soir ?

Martin écrase son cigarillo dans le cendrier avant de répondre :

– Qu'est-ce que tu voulais que je fasse dans un trou pareil ? À part toi, je n'y connais personne !… Je suis allé d'abord dîné dans une pizzeria puis après, au cinéma. Je suis arrivé après le début du film, mais ça n'avait aucune importance : c'était un navet de première ! Après la séance, j'ai tourné en ville à la recherche d'un bar ou d'un pub sympa, mais rien, néant ! Sincèrement, je me demande comment tu fais pour supporter de rester là !

Il ne répond pas. Il fixe une mouche qui s'est posée sur la table et qui boit, du bout de sa trompe, au pied du verre de Martin, sur le sous-verre humide.

– Qu'est-ce que tu regardes ? lui demande Martin.

– Rien, dit-il. Une mouche. Depuis tout à l'heure, elle nous espionne…

Martin lui lance un coup d'œil étonné, fronce un sourcil, puis chasse la mouche.

Un moment de silence. Tous les deux regardent dehors.

Martin finit par pousser un soupir et déclare :

– Quel temps de cochon ! Ça m'est insupportable.

– À moi aussi, dit-il en reprenant son verre.

Il finit la bière, éteint son mégot dans le cendrier.

Des clients sont entrés. Pas encore les habitués, ceux de l'apéritif.

Ils sont trois. Trois adolescents portant d'épais blousons de cuir. Ils ont salué le patron et se sont installés à une table, près du flipper. Comme pour fêter leur arrivée, le patron met de la musique. En sourdine. Un poste FM qui diffuse une musique agressive. Les claquements secs des tampons du flipper se mettent à résonner, suivis d'exclamations et de rires gras.

Martin a également fini sa bière.

Tous deux se laissent un moment distraire par cette soudaine animation.

– Tu viens souvent ici ? lui demande Martin… C'est vraiment d'un triste à mourir !

– Je n'y suis venu que deux ou trois fois, vers cette heure-ci, répond-il. J'ai trouvé que c'était un endroit calme. Et puis je savais que tu n'aurais aucun mal à trouver.

– Tiens, dit Martin, tirant avec difficulté une épaisse enveloppe brune de l'une des poches intérieures de son anorak. Tu vérifieras chez toi. Ce sont des coupures de cinq cents et de deux cents, comme la dernière fois.

Ensuite, il se penche, prend le sac en plastique et le pose sur la table.

– Et ça, c'est le bouquin que tu voulais. Il y avait plusieurs tomes. Tu ne m'avais pas dit lequel. J'en ai pris un au hasard. Je ne sais pas si c'est le bon…

La mouche est revenue. Elle s'est posée cette fois sur le rebord du verre. Martin la chasse d'un geste sec de la main, puis il glisse l'enveloppe dans le sac.

– Il ne va pas falloir que je m'attarde, dit-il. J'aurais aimé qu'on déjeune ensemble, comme l'autre fois, mais je ne veux pas rater mon rendez-vous avec l'entrepreneur. Et puis, la route est mouillée, les kilomètres comptent double… Ta cousine, ça va ?

– Comme ça doit aller, répond-il.

– Toujours en maison de repos ?

Il acquiesce d'un mouvement de tête.

– Ne me dis pas que c'est pour elle que tu restes dans ce bled !… Au fait, quand toute l'affaire se sera un peu tassée, il faudra que tu te programmes quelques jours à passer au Maine. Tu as vu, c'est la pleine campagne, ça fait du bien, même par un temps pareil… Je t'avoue que depuis la mort de mon père je me régale. Je commence enfin à profiter des lieux !

Il ne fait aucune remarque. Il a l'air absent.

Gêné, Martin se lève.

– Bon, j'y vais. Si tu veux me joindre, tu sais comment. Nous sommes quittes à présent pour notre affaire. On va être deux à se la couler douce, maintenant, pas vrai ? Mais toi, tu aurais bien besoin de réagir ! Va donc prendre l'air ailleurs !

– Je vais le faire, dit-il, mais j'ai encore quelques petites choses à régler avant de partir.

Il ne se lève pas. Il se contente de serrer la main que lui tend Martin et de murmurer un vague « à bientôt ».

Martin enfile son anorak, puis gagne le comptoir. Il règle les consommations. Avant de sortir, il lui adresse un petit signe d'adieu. Lui, il répond par un hochement de tête et un demi-sourire.

Les premiers habitués font leur entrée et prennent d'assaut le bar. La salle devient bruyante.

Il sort de la poche intérieure de son blouson un stylo, un petit carnet jaune à spirale et se met à noter différentes choses. Il a commencé par écrire, en haut de la nouvelle page : « *Martin (suite)* », puis la date, des heures, le nom de l'hôtel où Martin a passé la nuit…

Après avoir refermé le carnet et l'avoir remis dans la poche du blouson, il fouille dans le sac en plastique, écarte l'enveloppe et sort le livre.

L'ouvrage a une couverture en cuir, bleu-nuit, avec d'élégantes dorures. *Fables de La Fontaine*, tome 2, illustrations de Grandville.

Il le feuillette un instant. Livre 8. Fable Première :

« *La Mort et le Mourant* ».

Il contemple la gravure qui illustre la fable en question.

Le squelette de la Mort, faux en main, a un sourire presque engageant. Il porte une grande cape noire. Quant aux corps allongés à ses pieds, ils paraissent endormis, rêvant à jamais de cette mort qui les a soudainement fauchés. Endessous, la légende est un passage de la fable :

« La mort ne surprend point le sage :
Il est toujours prêt à partir,
S'étant su lui-même avertir
Du temps où l'on doit se résoudre à ce passage. »

Plus tard, avant de se lever, il chasse une dernière fois la mouche qui est revenue se poser sur le verre de Martin.

Il s'empare du sac, puis traverse la salle.

Le patron lui fait un signe d'adieu.

Il sort, referme doucement la porte vitrée derrière lui.

Un vent frais et humide lui cingle le visage. Il a un frisson.

Il lance un regard vers la droite puis enfile le trottoir, sur la gauche, s'engageant dans l'une des ruelles en pente qui mènent au fleuve.

9. MADEMOISELLE LAMBERT

Ce matin, il a trouvé ce qu'il cherchait : en page quatre, celle des faits divers. Sur deux colonnes, un titre :

« MACABRE DÉCOUVERTE RUE MYRHA :
LE CORPS D'UNE JEUNE FEMME RETROUVÉ
MERCREDI À L'AUBE »

Dans l'article, il est dit que la jeune femme, âgée de trente-cinq ans, mère de deux jeunes enfants de neuf et douze ans, une certaine Carmen Delgado, originaire d'Aranjuez (Espagne), ouvreuse depuis deux ans au Multi-Ciné, épouse de José MuñozDelgado également originaire d'Aranjuez, magasinier à l'Uniprix du quartier Val-Fleuri, tous deux établis en France depuis quinze ans, a été étranglée tandis qu'elle regagnait à pied, comme chaque soir, son domicile au 37 de la rue Pineau, après la dernière séance du Multi-Ciné. Qu'elle a rencontré son agresseur rue Myrha, à hauteur du n° 32. Que le meurtrier n'a ni volé ni violé sa victime. Qu'il doit s'agir d'un malade mental pris d'un subit accès de violence. Que le corps de la malheureuse a été retrouvé, étendu sur le trottoir, mercredi, vers six heures du matin, par un riverain, monsieur Gérard Bercy, mécanicien à Bonneuil, au moment où ce dernier sortait sa voiture du garage pour se rendre à son travail. Que, d'après le médecin légiste, la mort par strangulation aurait eu lieu aux environs de minuit, soit peu après la fermeture du cinéma.

Le journaliste conclut qu'une enquête a été ouverte, que la police lance un appel à témoins, pour le cas où quelqu'un aurait vu quelque chose aux abords de la rue Myrha, dans la nuit du mardi au mercredi.

Il a relu trois fois l'article. Puis il a pris quelques notes sur son petit carnet jaune à spirale. Le nom de la victime. Celui de son mari. L'adresse du domicile. L'âge des enfants…

Il a ensuite replié soigneusement le journal et l'a posé sur la banquette.

L'atmosphère du café est enfumée et bruyante. C'est un genre café salon de thé. On peut y déguster des pâtisseries. Ils sont nombreux à être venus s'y réfugier pour attendre la fin de l'averse.

Il termine son chocolat et lui trouve tout à coup comme un goût amer. Il fait signe au garçon qui navigue entre les tables pour lui demander un verre d'eau.

De l'autre côté de la vitre, l'averse continue. Violente. Cinglante. Épaisse. On pourrait croire à de la grêle fondue. Par moments, c'est à peine si l'on entrevoit l'autre côté de la place. Des piétons se sont regroupés dans l'entrée de la *BNP* et sous l'auvent d'un poissonnier.

Le serveur apporte le verre d'eau, encaisse le chocolat, remercie et repart vers d'autres tables.

Le brouhaha et l'agitation qui règnent ont quelque chose

de rassurant. Chaleur humaine communicative, pense-t-il en buvant une longue gorgée d'eau.

Soudain, au moment d'allumer une cigarette, il sent un regard peser sur lui, avec insistance. Un regard posé sur sa gauche. Cela ressemble à une légère brûlure. C'est une sensation qu'il connaît bien. Il la supporte un instant sans broncher, regardant ailleurs, fumant, l'air de rien. Ensuite, lentement, sans vouloir le laisser paraître, il tourne la tête.

Elle est là. Assise à deux tables de lui. Une tasse de thé et une théière posées devant elle. Ainsi qu'un journal, à demi déplié. Le même que celui qu'il vient d'abandonner sur la banquette, à côté de lui : le journal régional.

Elle le regarde fixement, en effet. Un regard à l'expression difficile à cerner.

Elle, il l'a aussitôt reconnue : mademoiselle Lambert. Locataire du troisième. Au-dessus de chez lui. Institutrice en retraite anticipée. Vieille fille en voie de ménopause. Un visage aux expressions sèches, rendu ingrat par les désillusions d'une vie terne et sans joies.

Il lui adresse un petit salut de la tête. Cela semble la réveiller. Son regard fixe s'anime. Elle répond par un sourire pincé, puis détourne enfin les yeux.

Il rejette alors les mèches qui lui tombaient sur le front. Il écrase sa cigarette dans le cendrier sans l'avoir terminée, puis il se lève. Le voilà devenu nerveux. Il décroche son blouson pendu au dossier de la chaise, de l'autre côté de la table, glisse le petit carnet jaune dans la poche intérieure, et quitte le café.

Alors qu'il traverse la salle, il sent nettement le regard de mademoiselle Lambert s'attacher à ses pas, peser sur son dos.

Sur le seuil, avant d'affronter l'averse, il met la capuche de son blouson, l'ajuste bien au menton, en noue la cordelette.

Il remonte la Place par le trottoir de droite. La pluie lui cingle les mollets. Il n'en a cure. Il ne peut s'empêcher, tout en longeant les murs, de revoir le regard fixe de mademoiselle Lambert posé sur lui. Un regard sec, le regard d'un oiseau de proie.

Un coup de tonnerre déchire le ciel, puis se met à rouler entre les façades, couvrant le bruit de la circulation. L'averse se fait encore plus drue. Il court alors sur le trottoir déserté jusqu'à l'entrée du Multi-Ciné. Devant les grilles intérieures fermées, cinq ou six personnes sont déjà là, qui regardent tomber la pluie. Elles ont entamé une discussion sur les bienfaits de ces averses pour le tabac et le maïs.

Elles se sont écartées pour lui faire de la place. Il est trempé. Son blouson dégouline. Sur la vitrine près de laquelle il s'est blotti, une affichette est scotchée. Il y est écrit, au feutre gras, en lettres majuscules :

« RECHERCHONS UN OUVREUR,
QUATRE SOIRS PAR SEMAINE »

Suivi d'un numéro de téléphone.

Il frotte ses mains sur son pantalon de velours, pour les sécher un peu.

Puis il entrouvre son blouson, sort son petit carnet à spirale et son stylo, et, sur une nouvelle page, note le numéro.

Lorsque l'averse a cessé, il s'est rendu dans un restaurant chinois, en face de la gare, *Chez Lee Wang*. Il y a déjeuné.

De tout le repas il n'a guère prêté attention aux autres clients. Quelques couples et quelques hommes seuls, sans doute des représentants de commerce.

Il a mangé des rouleaux de printemps et du riz cantonnais. Au moment du café, il s'est mis à feuilleter le petit carnet jaune. Il a rayé quelques notes et recopié certaines autres sur de nouvelles pages.

Sans qu'il l'ait demandé, le serveur est venu poser l'addition sur sa table. Il a réglé, puis a quitté le restaurant. Il est ensuite allé attendre, dans une brasserie, l'heure de la première séance du Multi-Ciné.

La pluie a cessé. Les garçons ont ressorti quelques tables en terrasse.

Il a préféré rester à l'intérieur.

À un moment, il s'est levé, il a gagné la cabine téléphonique, près des toilettes. Et il a composé le numéro noté sur son carnet.

Une femme lui a répondu. Il a dit qu'il était intéressé par l'annonce demandant un ouvreur.

– Un instant je vous prie, lui a-t-on répondu.

Une voix d'homme a pris le relais. Il a répété qu'il était intéressé…

On lui a demandé son âge, sa nationalité, sa situation de famille, quels étaient ses emplois précédents…

Il a mêlé le vrai et le faux.

Quand l'interrogatoire a été terminé et qu'on lui a dit qu'il pouvait se présenter au Multi-Ciné le lendemain matin, vers dix heures, il a demandé pour quelles raisons ils recherchaient un homme plutôt qu'une femme.

Il y a eu quelques secondes de silence au bout du fil. Puis la voix s'est faite cassante pour lui répondre que ceci ne le regardait pas.

On lui a raccroché au nez.

Il est revenu s'asseoir à la table et a terminé son demi.

Il est entré au cinéma quelques minutes après le début de la séance.

Il n'y a personne dans le hall. Au guichet, l'employé téléphone. Ils se connaissent de vue.

Il s'approche. L'employé raccroche le combiné et le salue, cordialement.

Il est un habitué. Il n'y a pas un film projeté dans l'une ou l'autre des trois salles qu'il n'ait vu. Certains même deux ou trois fois. L'employé le prend pour un critique cinématographique ou quelque chose dans le genre. Il l'a souvent vu, après une séance, rester un moment dans le hall et prendre des notes sur un petit carnet jaune à spirale.

Il demande un billet pour le film de la salle 2.

L'employé le prévient qu'il aura raté le début. Il lui conseille de revenir à la séance suivante.

Lui hoche la tête. Il répond que c'est sans importance. Il paye et prend son billet. Il s'écarte du guichet, puis y revient et demande, indiquant du doigt la vitrine de l'entrée :

– Vous cherchez un ouvreur ? Et l'ouvreuse qui était là ?...

L'employé qui était occupé à placer la monnaie dans la caisse relève la tête et le regarde. Il prend un air étonné.

– Comment ? dit-il. Vous ne savez pas ? Carmen, notre ouvreuse, elle a été victime d'une agression. Elle est morte... On ne parle pourtant que de ça, en ville !

– Vraiment ? Je l'ignorais.

L'employé secoue la tête.

– Oui. C'est terrible, dit-il. Une chic fille, Carmen. Vous la connaissiez, bien sûr. Elle avait des cheveux très noirs. Elle les portait souvent en queue de cheval...

– Oui,... oui je vois de qui il s'agit. C'est elle dont je parlais...

– Eh bien elle est morte, soupire l'employé. On ne croirait pas que des choses comme ça puissent arriver! Et pourtant... Elle laisse deux gosses et un mari!... Le directeur souhaite maintenant trouver un homme. Beaucoup de gens disent que ce qui est arrivé est de sa faute. Qu'il n'aurait pas dû employer une femme le soir et la laisser rentrer comme ça, chez elle, si tard. Dans un sens, ils n'ont pas tort!

Et d'ajouter, hochant la tête :

– Quand on voit ce qu'on voit et qu'on entend ce qu'on entend, on a vraiment raison de penser ce qu'on pense! Vous croyez pas?

Puis il fait un geste de la main, indiquant l'escalier menant aux salles :

– Mais je ne veux pas vous faire rater votre séance. Allez-y, monsieur...

Il quitte le guichet et descend les quatre marches menant à la salle 2.

Il a abandonné le confort de son siège le dernier.

Ils sont tout au plus une dizaine à sortir de la salle.

Ceux qui attendent pour la séance suivante ne sont guère plus nombreux. Ils attendent sagement, en file, devant le guichet.

Mais l'employé n'est pas derrière la vitre.

Arrivé dans le hall, il l'aperçoit, devant la porte des toilettes, en compagnie de deux policiers en uniforme et d'un troisième homme en tenue civile. Ce dernier tient à la main une chemise-dossier rouge.

L'employé l'a aperçu. Il lui fait un grand signe du bras pour lui dire de venir. Les policiers se retournent et le regardent. Il en éprouve un choc. C'est comme un coup de poing en plein ventre. Il sent le sol se dérober sous ses pieds. Il reste planté là tandis que les quatre hommes se dirigent vers lui.

Arrivé à sa hauteur, l'employé explique aux policiers que ce monsieur est un habitué. Qu'il vient voir tous les films. Que c'est un cinéphile. Qu'il était peut-être justement présent à cette séance-là. Puis il leur demande de l'excuser. Il doit aller délivrer des billets aux personnes qui attendent. Il ne les laisse qu'un moment, il va revenir tout de suite…

Les policiers le saluent. Il leur serre la main à tour de rôle.

– Nous enquêtons sur la mort de l'ouvreuse du cinéma, explique celui qui est en civil. Vous n'ignorez sans doute pas qu'elle a été tuée, il y a deux jours, après la fermeture, alors qu'elle rentrait chez elle…

Il réussit à maîtriser ses tremblements. Il craint maintenant de n'avoir pas la voix assez assurée. Il se racle la gorge avant de répondre :

– Oui. Je sais… Ce monsieur me l'a appris tout à l'heure, dit-il en indiquant l'employé qui a repris sa place au guichet.

– Auriez-vous par hasard assisté à la projection d'un film, avant-hier soir, mardi, dans l'une de ces salles ?

– Avant-hier soir ?… Non. Non, avant-hier soir je ne suis pas venu.

L'un des deux autres policiers s'écarte et va regarder les photos en vitrine. Cette « défection » le soulage. Il retrouve une certaine sérénité qui lui fait dire, posément :

– D'ailleurs, le plus souvent, je viens l'après-midi, comme aujourd'hui, à la première ou la deuxième séance. Je n'aime pas les séances du soir… On a du mal, ensuite, à trouver le sommeil.

Les deux hommes qui lui font face sourient à sa remarque.

Le premier reprend, montrant la chemise-dossier rouge :

– Nous avons quelques photos de personnes suspectées. Voudriez-vous malgré tout y jeter un coup d'œil et nous dire si, le cas échéant, vous reconnaissez un visage parmi ceux qui sont là… pour l'avoir peut-être vu ici, à une séance ou à une autre ? Il y a peu de chance, bien sûr, mais on ne sait jamais…

Il acquiesce d'un hochement de tête.

Le policier ouvre la chemise. Elle contient un certain nombre de feuilles dactylographiées et une série de portraits. Format cartes postales.

Le policier les lui tend, l'un après l'autre. Il y en a six. Des visages d'hommes.

Trois d'entre eux paraissent être maghrébins. Tous ont un regard dur. Ils fixent l'objectif, les yeux écarquillés, les lèvres pincées.

Les policiers attendent. Il hoche à chaque fois la tête.

– Non, dit-il. Ces visages ne me disent rien du tout.

Les deux hommes paraissent déçus.

– Dommage, soupire le premier tout en replaçant les photos dans la chemise cartonnée.

– Oui, dommage, répète l'autre.

L'employé du Multi-Ciné les rejoint à cet instant précis.

– Alors ? demande-t-il.

Il hoche une dernière fois la tête.

– Non, lui répond-il, je ne reconnais aucun de ces hommes.

– Moi non plus, dit l'employé. Pourtant je suis assez physionomiste. Mais ces types-là, non, je ne les ai jamais vus ici…

Le policier a refermé la chemise-dossier.

– Eh bien tant pis, dit son collègue. Merci quand même, monsieur…

Tous trois lui serrent la main.

L'employé lui dit « *à bientôt* ».

Il les quitte et les entend reprendre, dans son dos, la conversation.

Tandis qu'il traverse le hall, le troisième policier se retourne pour le saluer.

Il a un nœud dans la gorge. Il se sent une faiblesse dans les mollets. Il fait très attention en descendant les cinq marches du seuil.

L'animation de la rue et l'air humide lui font du bien.

La voiture de police est garée sur le trottoir, près de l'entrée. Un quatrième policier attend, au volant, fumant une cigarette.

Il a toujours la nuque raide. Il traverse la place et gagne le café-tabac d'en face.

Il y a du monde au comptoir.

En entrant il éprouve l'impression pénible que tout le monde le regarde bizarrement. Il déteste ces vagues sensations de paranoïa.

Il demande un cognac, se retourne, puis, adossé au comptoir, regarde à travers la baie vitrée.

Il voit les trois policiers et l'employé du Multi-Ciné sur les marches de l'établissement. Ils se serrent la main. Les policiers regagnent leur voiture…

– Votre cognac, monsieur…

– Merci, dit-il.

Le barman s'éloigne vers un autre bout du comptoir.

Il prend son verre en main et s'absorbe un moment dans la contemplation du liquide ambré qui s'agite au fond du petit verre ballon.

La première gorgée l'apaise. La deuxième le ragaillardit.
Le trouble est passé.
Il allume alors une cigarette.

De retour chez lui, au moment de traverser la rue, devant son immeuble, il a jeté un coup d'œil vers le haut.

À l'une des fenêtres du troisième, un rideau en dentelle blanche a bougé. Il a eu juste le temps d'entrevoir le visage de mademoiselle Lambert.

Dans sa boîte à lettres, sous un prospectus, il découvre un papier. Plié en deux, avec son nom sur le dessus.

Intrigué, il le déplie.

C'est une écriture serrée, tout en angles et pointes, avec un trait rageur pour souligner la signature.

Monsieur, est-il écrit, *seriez-vous assez aimable pour vous montrer dorénavant moins bruyant lorsqu'il vous arrivera de rentrer tardivement chez vous le soir? Il se trouve en effet que j'ai le sommeil léger, et votre bruyante course sur le trottoir, puis dans les escaliers de notre petit immeuble, il y a de cela deux nuits, m'a fort incommodée. Bien que les raisons de cet étrange comportement m'échappent, je vous prierai de bien vouloir veiller à ce que cela ne se reproduise pas, sans quoi je me verrai dans l'obligation de m'en plaindre à qui de droit.*

Justine Lambert

Il reste un moment figé sur place.

La minuterie s'éteint. Il met un certain temps à réagir. Il ne la rallume qu'après avoir glissé le papier dans la poche de son blouson.

Il monte enfin l'escalier, presque sur la pointe des pieds. De nouveau, cette raideur de la nuque…

Arrivé au deuxième, devant sa porte, il lève la tête vers le troisième étage. Surprendre le visage en lame de couteau de l'institutrice, penché au-dessus de la rampe, ne l'étonnerait qu'à moitié.

Mais il n'y a personne.

Il pénètre dans le studio. Puis il reste un long moment adossé au battant de la porte qu'il vient de refermer à double tour.

Il s'aperçoit qu'il a le cœur battant, le souffle court.

L'idée qu'il lui faudra peut-être rendre visite à la vieille demoiselle avant qu'elle n'aille se plaindre « *à qui de droit…* » lui traverse un instant l'esprit.

10. HOSPICE

Dimanche. Quinze heures trente.

Le taxi vient de le déposer devant les hautes grilles du parc de l'hospice des vieux. À trois kilomètres de la ville. Sur une petite route de campagne bordée d'arbres.

Le ciel est couvert. Une nouvelle averse semble se préparer. La grande allée de gravier est encore gorgée d'eau.

Il entend le taxi s'éloigner.

Il n'y a personne dans le parc. Les bancs autour du bassin en forme d'étoile sont vides ; les allées, sous les platanes, sont désertes.

Si ce n'étaient les voitures garées en épi devant la grande bâtisse blanche et les deux ambulances stationnées côte à côte près du perron, on pourrait croire l'établissement fermé.

Le gravier crisse sous ses pas. Il est chaussé d'espadrilles à semelle souple. Il s'est dit qu'au terme de sa visite il reviendrait en ville à pied.

L'hospice est un bâtiment ancien, récemment rénové. En réalité ce n'est plus un hospice, c'est plutôt une maison de retraite, ou un mouroir de luxe, comme le lui a dit Martin l'autre jour.

Il est vrai qu'on y fait payer cher le séjour.

Tandis qu'il approche du perron, il surprend une petite forme rousse grimpant au tronc d'un arbre. Un écureuil. Il n'a que le temps de voir l'animal disparaître sous le rideau de feuilles des branches les plus basses.

Il monte les marches, pousse l'un des battants de la porte vitrée.

Dans le hall, les halogènes sont allumés, mais il n'y a personne à l'accueil. Par une porte latérale entrouverte, sur sa droite, lui parviennent des éclats de voix et le son nasillard d'un téléviseur. Il imagine sans peine les deux grands salons occupés par la foule des petits vieux et des petites vieilles bloqués à l'intérieur par le mauvais temps.

Du fond du couloir de gauche arrivent des bruits de vaisselle. On dresse déjà le couvert du dîner.

Il se dirige sans hésiter vers le large escalier à volute et commence à monter. Quelqu'un, au même moment, se met à le descendre. À mi-étage, ils se rencontrent. C'est l'infirmière de garde, les mains enfoncées dans les poches de sa blouse, un stéthoscope autour du cou.

Il la salue. Elle lui sourit.

– Bonjour, dit-elle gaiement. Vous montez voir madame Masson ?

Elle a un joli sourire. La petite coiffe blanche qui borde son front met en valeur le teint frais de son visage. On dirait une adolescente. Sur le devant de sa blouse, brodé en fil rouge, son prénom : Marie-Lise.

Ils se font face, à mi-palier.

– Oui, répond-il. Comment va-t-elle ?

– Son état est stationnaire. Vous ne la trouverez ni mieux ni plus mal que dimanche dernier. Mais, vous savez, elle est bien ici, on la chouchoute. Tant que son cœur tient le coup, il n'y a pas lieu de l'hospitaliser. On peut lui prodiguer tous les soins dont elle a besoin.

Le sous-entendu de l'infirmière le fait sourire. On redoute qu'il ne fasse placer sa parente ailleurs.

Il la rassure d'un geste de la main.

Elle poursuit :

– Mais, vous savez, à son âge, on ne peut espérer de réelle amélioration, n'est-ce pas ? C'est une question de mois maintenant…

– Je sais, dit-il. Je me suis d'ailleurs déjà employé à régler un certain nombre de choses, comme vous me l'avez conseillé la semaine dernière.

Elle sourit toujours, sans affectation.

– Si vous avez besoin de renseignements, dit-elle, n'hésitez pas à nous les demander. Nous avons l'habitude, n'est-ce pas ?

Il hoche la tête.

Le haut de sa blouse est ouvert. Elle porte un chemisier orange assez échancré. Elle surprend son regard sans en paraître troublée.

– À tout à l'heure, dit-elle en posant le pied sur la marche suivante. Si jamais vous désirez que l'on vous apporte un café, n'hésitez pas à sonner la femme d'étage.

– Oui, merci, répond-il.

Elle reprend sa descente. Il reste là, un moment, à la regarder sautiller de marche en marche, fine, légère. Il se sent vaguement ému.

De dos, elle lui fait penser à Mylène.

Comme toujours, le grand couloir sent bon l'encaustique. Le parquet luit faiblement à la lueur du jour qui pénètre par les larges fenêtres à petits carreaux, ouvertes à distance régulière. Toutes donnent sur le parc. Trois portes de chambre, une fenêtre en renfoncement. Devant chacune d'elles, deux fauteuils entourent une table basse ornée de quelques fleurs dans un petit vase en verre torsadé. Il y a également des magazines posés sur les tables, et un cendrier sur pied entre les fauteuils. Derrière l'un des fauteuils, un lampadaire rustique dont l'abat-jour n'est pas très droit. Ces renfoncements de fenêtre sont autant de petits fumoirs.

Le couloir est désert, silencieux. Toutes les portes sont fermées. Sur chacune est clouée une plaque en métal sur laquelle est gravé le nom d'une fleur et le dessin de la fleur en question.

Il connaît par cœur celles du premier étage. Après capucine et bleuet, ce sont, successivement, lilas, mimosas, lotus… Albertine occupe la chambre « géranium », presque en bout de couloir.

Comme à chaque fois, il frappe doucement. Il sait pourtant qu'il n'a pas à attendre de réponse. Mais il frappe tout de même. C'est une sorte de rituel qu'il prolonge. Depuis six semaines, la cousine Albertine ne parle plus, le reconnaît à peine, parfois, dans un éclair de lucidité.

Il pénètre sans bruit dans la chambre, en referme doucement la porte.

La pièce est plongée dans la pénombre. Les lourds rideaux sont aux trois-quarts tirés. La porte de la salle de bains est entrouverte. Un robinet goutte.

Albertine est dans son lit, bien sûr. Elle ne l'a pas entendu entrer. Elle a les yeux fermés. Il ne sait si elle dort ou si elle laisse couler le temps.

Le bouquet de tulipes jaunes et rouges qu'il a apporté la semaine précédente est encore là, dans un grand vase posé sur le bureau, à côté du sous-main en cuir marron et du téléphone sans fil.

Il s'approche. Albertine dort vraiment. À chaque inspiration un léger ronflement s'échappe de sa bouche ouverte.

Il la contemple un instant. Il connaît chacune des rides de son visage émacié qui s'est encore creusé ces derniers temps. C'est déjà un visage de mort, au teint cireux.

Il se demande comment la vie peut encore s'accrocher à un corps si défait.

Sur la table de chevet, un chapelet à grains de buis, un missel à couverture noire, une statuette en porcelaine de la Vierge, portant, sur son socle, « *Lourdes* », peint en lettres bleues. Il y a également une bouteille d'eau minérale et deux verres, l'un plein d'eau, dans lequel est plongé le dentier, l'autre vide. Enfin, trois petits flacons, fermés par un bouchon-doseur, qui contiennent des liquides incolores.

La poire, en plastique blanc, qu'il faut presser pour appeler le service est posée sur l'extrême bord du lit.

Il règne dans la chambre une atmosphère lourde et paisible, faite de sommeil et d'oubli. Il en a pris l'habitude, visite après visite. Cela ne l'oppresse plus. Il en éprouve même, à présent, un certain apaisement. Ici, ses pensées vagabondent et approchent une vérité de lui-même qui, trop souvent, lui échappe.

Le crucifix en métal, pendu au-dessus du lit, est terni.

Albertine tourne soudain la tête sur le côté, vers lui. Le ronflement cesse, remplacé par de faibles soupirs. Mais les yeux restent clos.

Il s'éloigne du lit, gagne le fauteuil en angle et s'y assied. Sans ôter son blouson. Un instant il pense à allumer le lampadaire près de lui, mais il s'abstient de le faire.

Il reste ainsi, dans la pénombre, à écouter Albertine respirer.

Dehors, la pluie s'est remise à tomber. Elle frappe avec force les carreaux.

Il est resté longtemps assis. Peut-être s'est-il même assoupi un moment. Il ne saurait le dire.

Et puis, comme à chaque fois, des images d'Albertine encore alerte et vive, cherchant à le séduire, lui sont revenues à l'esprit.

À trois reprises, il a entendu des pas dans le couloir. Mais personne n'est entré.

Albertine ne s'est toujours pas réveillée.

Il se lève. S'approche de la table de nuit. Il prend en main les trois flacons et gagne la fenêtre. Il connaît le nom des produits, leurs effets et le nombre de gouttes que l'on a ordonné pour la vieille cousine. Tout cela est noté sur son petit carnet jaune à spirale. Le nombre est d'ailleurs inscrit, sur une étiquette collée au cul de chaque flacon.

Lorsque Albertine a commencé à se paralyser des membres, à avoir des absences, un médecin l'a fait appeler, lui, et l'a reçu. Il lui a longuement commenté le rôle de chacun de ces produits.

Il sait aussi que, dans une heure ou deux, Marie-Lise, l'infirmière, viendra réveiller Albertine. Elle les lui fera prendre, dans un peu d'eau, avant que la femme d'étage ne vienne faire dîner la malade. Il a déjà plusieurs fois assisté à ce rituel bien orchestré.

Ce sera donc bien elle, Marie-Lise, la charmante Marie-Lise, qui versera les quelques gouttes fatales, la dose supplémentaire à ne pas administrer…

Après avoir quitté la chambre, il a allumé une cigarette,

puis il est allé s'asseoir dans le fumoir le plus proche de l'escalier.

Il a entendu une porte claquer, au deuxième étage, puis le bruit sourd d'un chariot roulant sur le parquet.

Il a contemplé un moment le feuillage mouillé des platanes, non loin de la fenêtre. Les feuilles lavées par la pluie semblaient être vernies.

Il n'a pas été tenté de prendre l'un des magazines posés sur la table basse, devant lui.

Il n'a même pas sorti de son blouson le petit carnet jaune à spirale.

Il s'est contenté de fumer, le regard dans le vague, pensant à Albertine.

Après avoir écrasé son mégot dans le cendrier et appuyé sur le bouton pour le faire disparaître, il s'est levé et il est descendu.

Derrière le comptoir du bureau d'accueil, dans le hall, l'infirmière est au téléphone.

– Oui, je préfère aller chez toi…, est-elle en train de dire.

Elle ne l'a pas entendu arriver. Ses espadrilles à semelle souple n'ont fait aucun bruit dans l'escalier. Elle a un petit sursaut en le voyant là, tout à coup. Elle baisse aussitôt la voix et se tourne légèrement de côté.

Il s'éloigne alors discrètement et va attendre devant la porte vitrée. Il n'entend plus ce qu'elle dit.

La porte latérale donnant sur les salons est toujours ouverte. On perçoit des éclats de voix et des rires aigus.

Il s'absorbe un instant dans la contemplation du parc. Tout est détrempé. L'averse a pris fin, mais l'on voit encore sur la surface du bassin mille petits cercles en mouvement.

Il entend Marie-Lise raccrocher.

– Vous partez déjà ? lui demande-t-elle.

Il se retourne. Elle lui sourit.

– Je vous appelle un taxi ?

Il s'approche du comptoir.

– Non, merci, lui dit-il. je vais rentrer à pied. Marcher me fera du bien…

Elle hoche la tête.

– Voulez-vous alors que je vous prête un parapluie ? Vous nous le rapporterez dimanche prochain.

Il refuse à nouveau, d'un geste de la main.

– Ne vous en faites pas. Dans le col de ce blouson il y a une capuche, lui explique-t-il.

Elle lui demande, pointant un doigt vers le plafond :

– Comment l'avez-vous trouvée ?

– Plutôt moins bien que dimanche dernier, dit-il. Elle me paraît très affaiblie. Sa respiration surtout m'a frappé, je la trouve très irrégulière…

– Vous croyez ? s'étonne l'infirmière. Je vais m'en assurer tout à l'heure, en lui administrant ses médicaments.

Un bruit de pas traînants.

Une petite vieille en robe de chambre bleu nuit, avec des volants de dentelle noire, est sortie du grand salon. Elle approche, à petits pas, sur des pantoufles roses à pompon rouge. Elle a le regard rivé au sol, comme si elle craignait de buter sur un obstacle.

L'infirmière attend que la vieille femme arrive près du comptoir. Elle lui demande alors, en forçant la voix :

– Vous désirez quelque chose, madame Rubein ?

La petite vieille s'arrête, relève la tête.

– Comment ? dit elle.

– Vous voulez quelque chose, madame Rubein ? répète

l'infirmière, imperturbable.

– Si je veux quelque chose ? demande la petite vieille. Bien sûr que je veux quelque chose.

Elle lève un bras tremblant, dans un geste qui se veut menaçant.

– Je veux qu'on demande à monsieur Brain de ne plus me raconter d'histoires cochonnes. Qu'on lui dise d'arrêter ! Je ne suis pas Mélanie, moi ! Il ne faudrait pas qu'il confonde !

– Mais vous n'avez qu'à le lui dire, madame Rubein, conseille l'infirmière.

La petite vieille approche encore.

– Comment ? dit-elle.

– Je dis que vous n'avez qu'à le lui dire vous-même.

La vieille madame Rubein hoche la tête d'un air désespéré, et soupire :

– Mais je le lui ai dit, bien sûr. Il ne veut rien entendre. S'il vous plaît, mademoiselle Marie-Lise, allez le lui demander, sinon je remonte dans ma chambre.

L'infirmière fait une moue.

– J'arrive, madame Rubein, dit-elle. J'arrive. Ne vous inquiétez pas, je vais lui faire la leçon.

La petite vieille hoche une nouvelle fois la tête, puis elle déclare, de sa voix chevrotante :

– N'empêche que je vais aller m'allonger quand même. Il m'a trop fatiguée. Mais dites-le lui, mademoiselle Marie-Lise. Dites-le lui, s'il vous plaît. Sinon, soyez sûre que je ne descendrai plus au salon quand il s'y trouvera...

Elle se tourne vers le grand escalier, reprend sa marche hésitante et répète tout en avançant :

– C'est clair. Ah oui, ça, pour ça, c'est clair ! Je ne descendrai plus s'il est là...

L'infirmière relève le panneau mobile et sort de derrière le comptoir. Elle se dirige vers la vieille dame, se penche vers elle et lui demande :

– Pourquoi n'allez-vous pas prendre l'ascenseur, madame Rubein ?

– Vous le savez bien, mademoiselle Marie-Lise, je n'aime pas cette machine, s'exclame madame Rubein assez sèchement.

– Voulez-vous alors que je vous aide à monter jusqu'au deuxième ?

– Non merci, mademoiselle. J'ai l'habitude. Mais allez donc plutôt faire la leçon, comme vous dites, à monsieur Brain, s'il vous plaît.

Une main sur la rampe, elle entame sa longue ascension en marmonnant des mots incompréhensibles.

L'infirmière surveille la montée des premières marches.

Puis elle se retourne, revient vers lui, souriante, les mains dans les poches de sa blouse.

Elle a un léger haussement d'épaules désolé.

– Excusez-moi, dit-elle. Je dois aller « *faire la leçon* » à monsieur Brain…

Hochant la tête, elle ajoute :

– Sourde comme elle l'est, je me demande bien comment elle arrive à suivre les histoires cochonnes de monsieur Brain !

– Peut-être les agrémente-t-il de gestes, dit-il.

– Impossible, répond-elle, monsieur Brain est paralysé des quatre membres. Il est sur une chaise roulante…

Avant qu'ils ne se séparent, elle sort une main de la poche de sa blouse et la lui tend.

– À dimanche prochain, dit-elle. Ne vous inquiétez pas pour madame Masson. Je vais aller voir ce qu'il en est dans un moment.

Il se dit que c'est la dernière fois qu'il rencontre Marie-Lise.

Il a envie de lui demander s'il peut la revoir, un soir, en ville. Puis, y réfléchissant, il renonce. Il lui serre la main et quitte l'établissement.

Il n'a pas plu pendant sa longue marche.

Sur la petite route de campagne, il n'a eu à monter que deux fois sur le bas-côté pour ne pas être éclaboussé par les voitures.

Rentrant chez lui, sur le palier du premier étage, il a trouvé mademoiselle Lambert en grande conversation avec la voisine de l'appartement de gauche.

Paraissant gênées, elles se sont tues dès qu'elles l'ont vu. Il les a saluées au passage. Mais ni l'une ni l'autre n'ont répondu. Elles se sont contentées de s'écarter pour le laisser passer.

Un moment plus tard, entendant des pas dans l'escalier, il est venu coller son œil au judas.

Mademoiselle Lambert, remontant chez elle.

Il l'a vu s'arrêter un instant sur le palier et considérer fixement sa porte.

C'est sur le coup de vingt-deux heures que la sonnerie du téléphone a retenti.

Il a posé son livre sur la table et il a décroché.

Une voix féminine au bout du fil lui a annoncé, sans préambule, que sa parente, madame Albertine Masson, venait de s'éteindre d'un brusque arrêt cardiaque. Que, vu son état général, cela n'avait rien de surprenant. Qu'il pouvait être sûr, en tout cas, que tout avait été fait pour tenter de la ranimer. Qu'il veuille bien se présenter à l'accueil, le lendemain matin, pour les formalités d'usage concernant le décès.

Ce n'était pas Marie-Lise qui parlait.

Il en a éprouvé du regret.

Cette voix inconnue lui dit encore que tout le personnel de l'établissement était très attristé. Et qu'il lui présentait ses plus sincères condoléances.

Il a remercié, dit qu'il viendrait le lendemain, et il a raccroché.

Mais il n'a pas repris son livre.

Il a allumé une cigarette, et il s'est allongé sur le lit pour la fumer.

Le coup de téléphone l'a surpris.

Il ne pensait pas qu'ils l'appelleraient si tard dans la soirée.

Il avait compté qu'ils attendraient jusqu'au lendemain matin pour le prévenir de l'événement.

11. AVOCAT

– Je dois vous avouer, cher monsieur, que l'affaire n'est pas bonne du tout, c'est le moins qu'on puisse dire. Mon client, monsieur du Maine a vraiment tout contre lui.

– Comment ça, tout contre lui ? demande-t-il.

L'avocat le fixe un moment sans rien dire. Une fois de plus, il se frotte d'un doigt le bord de sa moustache. C'est un tic des plus agaçants.

Enfin il se décide à exposer le cas.

– Eh bien, commence-t-il, il appert de l'enquête de police un certain nombre de faits et de témoignages accablants pour monsieur du Maine. Et je vous avoue que je suis bien embarrassé pour établir sa défense. D'autant plus embarrassé qu'étant un ancien ami de feu son père je voudrais, à la mémoire de celui-ci, tirer le fils du mauvais pas dans lequel il s'est mis…

Il se racle la gorge, lisse sa moustache et reprend :

– Pensez donc, non seulement monsieur du Maine était bien dans cette ville ce soir-là, d'ailleurs il y a même passé la nuit, à l'hôtel… à l'hôtel, voyons…

L'avocat jette un coup d'œil à ses papiers.

– À l'hôtel *Marignan*, place de la gare. Vous connaissez sans doute…

Il fait signe qu'il connaît.

– Eh bien, non seulement monsieur du Maine y a passé la nuit, mais encore nous avons cinq témoins, oui…, cinq, un nombre considérable donc ! qui affirment l'avoir vu dans sa voiture, en stationnement, rue Myrha. Ces cinq témoignages s'étalent entre vingt heures pour le premier, et vingt et une heures, vingt et une heures trente pour les autres.

– Mais ce n'est pas là l'heure où a eu lieu le crime, n'est-ce pas ?

L'avocat lui jette un regard par-dessus ses lunettes.

– Je vous l'accorde, dit-il. Le crime a bien eu lieu plus tard. Mais, voyez-vous, la question que l'on est en droit de se poser est la suivante : que faisait donc monsieur du Maine dans sa voiture, pendant plus d'une heure, stationné dans la rue où s'est précisément déroulé le drame quelques heures plus tard ?

– Quelle raison donne-t-il, lui ?

L'avocat a un geste d'impuissance.

– Aucune, soupire-t-il. Aucune. Il déclare ne pas se souvenir. Le problème épineux est que votre ami paraît… comment dire ? Il paraît faire de la confusion mentale, pour reprendre l'expression des psychiatres qui l'ont interrogé. Cela n'arrange rien quant à l'établissement de la vérité des faits.

Il s'interrompt un instant, se reporte à une feuille dactylographiée, puis reprend :

– Nous avons ensuite un coup de téléphone anonyme, lequel est le déclencheur même de toute notre affaire. C'est en effet à partir de ce coup de téléphone que la police en est venue à s'intéresser à monsieur du Maine et à porter l'enquête sur lui. Or, la personne qui a téléphoné, non seulement est la première à avoir déclaré qu'elle avait vu un homme dans une voiture en stationnement rue Myrha, et que les feux de détresse de la voiture étaient en fonctionnement, ce qui avait attiré son attention, mais en outre elle a fourni à la police le numéro du véhicule!... Oui, c'est ainsi. Cela n'a rien de véritablement étonnant, certaines personnes ont une prodigieuse mémoire des chiffres... Or il s'avère qu'il s'agit bien du numéro d'immatriculation de la voiture de monsieur du Maine...

L'avocat retire ses lunettes et le fixe, droit dans les yeux, comme pour s'assurer qu'il a bien saisi toute la mesure de ce qu'il vient de lui dire. Puis il ajoute :

– D'ailleurs, par la suite, un autre témoin a également déclaré que le véhicule était immatriculé dans le bordelais.

– Pourquoi la personne qui a téléphoné a-t-elle gardé l'anonymat?

L'avocat hausse les épaules d'un air las.

– Malheureusement, – ou heureusement, dans certains cas comme dans le nôtre, puisque cela fera un témoignage en moins au procès – il y a de plus en plus de citoyens qui ne veulent pas avoir affaire avec la justice. Même pour un simple témoignage. C'est en tout cas ce que cette personne aurait déclaré aux policiers.

– Je comprends, dit-il.

– Je disais donc, reprend l'avocat, qu'il ne fait plus aucun doute que, ce soir-là, monsieur du Maine se trouvait dans sa voiture, rue Myrha. La chose est entendue. Vous me suivez?

Il hoche la tête.

L'avocat remet ses lunettes et poursuit :

– Autre témoignage, des plus embarrassants, celui d'un employé du cinéma où travaillait la victime. Cet employé déclare formellement reconnaître mon client. Et il est d'autant plus affirmatif que monsieur du Maine est, paraît-il, arrivé en retard, après le début de la séance. L'employé a donc eu le temps de fixer son visage. Votre ami était bien, ce soir-là, à l'une des dernières séances, c'est-à-dire peu avant que l'ouvreuse ne quitte le cinéma.

Il s'interrompt encore un instant, comme pour faire bien sentir toutes les implications de ce nouveau témoignage. Il en profite pour lisser à nouveau sa moustache.

– Et, attendez,… ce n'est pas tout. Dernier témoignage : celui du veilleur de nuit de l'hôtel *Marignan* où est descendu monsieur du Maine. Ce témoignage confirme que mon client n'est rentré que vers une heure du matin, soit plus de trente minutes après la fermeture du cinéma, lequel se trouve pourtant à deux pas de l'hôtel…

– Que dit monsieur du Maine ?

– Il dit avoir fait un tour en voiture le long du fleuve avant de rentrer. Qu'il cherchait un endroit où boire un verre avant de rentrer se coucher. Évidemment il n'y a là aucun témoin pour confirmer !

L'avocat se frotte les mains et conclut :

– Voilà où nous en sommes, cher monsieur. Vous le voyez vous-même, la situation est bien préoccupante, oui, bien préoccupante !

Il regarde l'avocat un instant sans rien dire, puis suggère :

– Et si je déclarais que monsieur du Maine est venu me voir, puisque j'habite la ville ?

L'avocat rejette aussitôt de la main cette proposition.

– Cela ne servirait à rien, monsieur, dit-il. Au contraire même, cela compliquerait encore un peu plus notre affaire. Car, alors, comment expliquer que monsieur du Maine ait toujours été vu seul ? À l'hôtel, dans sa voiture, au cinéma…

– Je pouvais très bien être absent… Il ne m'aurait pas trouvé.

L'avocat repousse à nouveau cette éventualité.

– Cela ne modifierait malheureusement absolument rien à l'emploi du temps de monsieur du Maine, ni à sa présence effective sur les lieux sensibles par rapport au crime. De plus, il se trouve que mon client n'a jamais cité votre nom. Si vous n'étiez pas venu me voir j'aurais totalement ignoré votre existence.

– Y a-t-il un lien entre lui et la victime ? demande-t-il.

Celui-ci pousse un soupir avant de répondre :

– Aucun. Cela ressemble à un crime parfaitement gratuit,… et pourtant avec une certaine et inexplicable préméditation puisque monsieur du Maine était effectivement sur les lieux du crime bien avant de l'avoir commis.

– Vous voulez dire qu'elle serait montée dans sa voiture ? Qu'il l'aurait prise en cours de route et amenée rue Myrha ?

– Ce n'est pas impossible. Il est certain que la victime pouvait emprunter cet itinéraire pour rentrer chez elle, mais il s'avère que ce n'est ni l'itinéraire le plus court, ni certainement le plus sécurisant pour une femme seule, la nuit !

Ils restent tous deux un moment silencieux, se regardant l'un l'autre. Machinalement, l'avocat lisse sa moustache. Une couronne de cheveux blancs fait ressortir le sommet chauve de son crâne.

Il retire ses lunettes, les pose, branches ouvertes, sur la copie du rapport de police.

– Me permettez-vous d'allumer une cigarette ? demande-t-il alors.

L'avocat hoche la tête avant de pousser vers lui le gros cendrier en métal ouvragé qui semble être, sur ce bureau, plus décoratif que fonctionnel.

– Le seul point qui, peut-être, pourra plaider en faveur de votre ami est l'avis des psychiatres. Tous les deux sont d'accord. Ils affirment que monsieur du Maine souffre de confusion mentale. Il passe en effet, je l'ai constaté moi-même, par des phases d'excitation où il parle abondamment, et des phases de prostration où il ne dit plus un mot ou bien répète sans cesse qu'il ne se souvient de rien.

– Et que dit-il, lorsqu'il parle ?

– Eh bien, il tient des discours pour le moins embrouillés. Il déclare fréquemment, par exemple, qu'il a tué sa mère et son père. Sa mère pour l'avoir trop aimée, son père pour l'avoir trop haï. Qu'il doit être puni pour ces crimes et non pour celui d'une ouvreuse de cinéma qu'il n'a jamais vue. Or on sait pertinemment que sa mère est morte noyée dans un étang, alors qu'il n'avait qu'une dizaine d'années. Et que son père s'est suicidé, il y a de cela à peine trois mois. J'assistais d'ailleurs à son enterrement. C'est là que j'ai rencontré votre ami pour la première fois. Aux dires des psychiatres, monsieur du Maine souffrirait d'un énorme complexe de culpabilité depuis la mort accidentelle de sa mère, et il semblerait que le récent suicide de son père l'ait placé en état de crise par rapport à ce complexe.

– Et quel serait le lien avec le meurtre de l'ouvreuse de cinéma ?

L'avocat hoche la tête d'un air entendu.

– Aucun, je vous l'accorde, dit-il. Sinon que monsieur du Maine apparaît comme quelqu'un de véritablement fragile et déséquilibré, pouvant, à tout moment, commettre des actes de ce type. Il devra subir un traitement psychiatrique très sévère. Cela lui évitera peut-être l'incarcération… Les psychiatres ont, paraît-il, trouvé un air de ressemblance entre la victime et la mère de monsieur du Maine, d'après d'anciennes photos de celle-ci, cela pourrait être un embryon d'explication…

Il ne peut s'empêcher de sourire.

L'avocat s'en étonne :

– Cela ne vous paraît pas vraisemblable ?

Il rejette un nuage de fumée vers le plafond avant de répondre :

– Je n'en sais rien, je n'ai connu ni l'une ni l'autre. Pour ce qui est de sa mère, Martin en parlait toujours comme d'une très belle femme dont son père aurait été éperdument amoureux… La victime, l'ouvreuse de cinéma, était-elle une belle femme ?

L'avocat fait non de la tête.

– Elles n'étaient belles ni l'une ni l'autre, d'après les photos que j'ai vues. Quant à la soi-disant beauté de madame du Maine, n'oubliez pas qu'il s'agit d'un regard d'enfant, et porté sur sa propre mère… Non. Les photos sont là pour témoigner que madame du Maine n'était pas la belle femme qu'il prétend. Je n'ai connu monsieur du Maine père qu'après la mort de sa femme. Mais que celui-ci en ait été follement amoureux, c'est une autre question…

Tandis qu'il écrase son mégot de cigarette dans le cendrier, l'avocat déclare qu'il est désolé de n'avoir pas de meilleures nouvelles à lui donner concernant l'affaire. Et qu'il n'y a pas lieu d'être optimiste. Que, cependant, il fait confiance aux deux psychiatres pour obtenir les circonstances atténuantes. Qu'il les connaît d'ailleurs personnellement.

– Nous en sommes là pour l'instant, conclut-il. Je regrette que vous vous soyez déplacé pour si peu, mais malheureusement vous ne pouvez pas grand-chose pour votre ami. Soyez certain, en tout cas, que je ferai tout mon possible pour qu'il obtienne la condamnation la moins lourde. C'est d'ailleurs ma mission… Si vous me laissez votre adresse, je vous tiendrai au courant de l'évolution de l'affaire et des dates du procès.

Il décline la proposition d'un geste de la main.

– Je risque fort de ne pas me trouver en France à ce moment-là, explique-t-il. Je suis en instance de départ pour un voyage à l'étranger. Il n'est pas impossible d'ailleurs que je choisisse de m'y établir…

L'avocat se lève alors et contourne son bureau.

Il se lève à son tour.

– Quoi qu'il en soit je lui parlerai de votre visite. Cela lui fera certainement plaisir de savoir que vous vous êtes inquiété pour lui. Il s'avère qu'il n'a pratiquement plus de famille et apparemment très peu d'amis proches. Si vous ne partiez pas dans les prochains jours, faites-le moi savoir, je pourrais vous arranger une entrevue avec lui, si vous le souhaitez. Vous le trouverez bien abattu par tous ces événements, mais c'est normal, n'est-ce pas? On le serait à moins.

Il s'interrompt, le temps de se passer deux doigts sur la moustache, puis demande, le reconduisant doucement vers la porte de son cabinet :

– Et où donc comptez-vous aller? Si ce n'est pas indiscret.

Il serre la main qui lui est tendue et répond :

– D'abord en Espagne. J'aimerais visiter la Castille que je ne connais pas encore… J'ai besoin de soleil. On m'a dit qu'il y faisait déjà chaud. Et sec.

12. MARIA-ÉLÉNA

Il attendait depuis bientôt une heure lorsqu'elle est enfin ressortie.

Il en était à son troisième demi, assis à une table près de la vitre, quand il l'a aperçue, de dos, refermant la porte, un petit bouquet de fleurs rouges et jaunes à la main.

Elle a toujours sur elle la robe en tissu imprimé, blanche et bleue, et le gilet blanc qu'elle portait tout à l'heure, en rentrant du collège.

Il appelle le garçon, règle la note, puis patiente encore un peu avant de quitter le café. Le temps qu'elle se soit éloignée.

Il la retrouve sur le trottoir. Elle avance vite, en regardant droit devant elle. Ce n'est pas la démarche d'une enfant de douze ou treize ans. Elle se tient bien droit, la nuque raide, le pas décidé. Dans sa main gauche, le bouquet a la tête en bas. De temps à autre, sans interrompre sa marche, elle lève mécaniquement le bras, porte les fleurs à son visage, les regarde, puis les sent.

Il la suit. Sur le trottoir opposé.

Il pourrait la laisser aller. Il sait où elle se rend. Mais il prend plaisir à contempler ce petit bout de femme avançant dans la rue, un bouquet de fleurs des champs à la main.

Elle porte les cheveux noués en une queue de cheval qui lui arrive au bas du dos et qui se balance légèrement à chaque pas, noire sur le gilet blanc.

Aux carrefours, il la voit s'arrêter sagement et s'assurer qu'aucune voiture n'arrive. Elle traverse ensuite, à petits pas rapides, puis ralentit son allure une fois parvenue sur le trottoir suivant.

À observer sa démarche et son maintien, il se dit que sa mère a dû lui apprendre quelques danses de là-bas : le fandango ou la sévillana…

Elle a un assez long chemin à parcourir.

À certains moments, comme il ne peut s'empêcher de gagner du terrain sur elle, il s'arrête et attend de la voir reprendre un peu d'avance sur lui. Il repart alors, à pas lents.

Une seule fois, elle s'est retournée, a regardé par terre derrière elle, comme pour s'assurer qu'aucune fleur n'était tombée.

Ils arrivent ainsi au long mur de pierres.

Il lui semble alors qu'elle hâte le pas. Et il la laisse aller.

Il se dirige vers le magasin de fleurs et d'objets funéraires qui fait le coin, de l'autre côté de la rue.

C'est encore la saison des tulipes. Mais il choisit des rameaux de fleurs blanches dont il ignore le nom.

Il refuse qu'on les lui enveloppe. Il paye, ressort, et, les fleurs à la main, passe le grand portail du cimetière.

Une fois dans l'enceinte, il quitte rapidement l'allée centrale pour rejoindre une allée latérale, la plus proche du mur.

Il aperçoit, en passant, les deux gardiens, un râteau à la main, occupés à dégager du lierre et des mauvaises herbes un monument imposant qui ressemble à une chapelle.

Il n'y a presque pas de vent. Les cyprès se dressent, immobiles.

Parvenu à la dernière rangée de tombes, il tourne la tête, et, du bout de l'allée transversale, il la voit, là-bas, devant la tombe de sa mère.

Elle s'active. Il approche lentement.

Il la voit se pencher, se redresser, se pencher à nouveau.

Elle sent tout à coup sa présence. Elle se relève, se fige, le regarde arriver vers elle.

Il lui fait un petit signe de la main.

Elle n'y répond pas. Elle détourne le regard et se remet à ordonner les bouquets sur la pierre tombale.

Il atteint la tombe voisine, elle aussi chargée de fleurs.

Ce sont celles qui ont accompagné l'enterrement d'Albertine. Il y a trois jours de cela. Elles sont encore resplendissantes de fraîcheur. Il se penche, en écarte quelques unes plantées dans un grand vase pour ajouter les rameaux de fleurs blanches qu'il vient d'acheter.

La petite s'est immobilisée. Elle le regarde faire. Puis elle le dévisage à nouveau sans rien dire. La méfiance de son premier regard s'estompe peu à peu. Elle finit par répondre à son sourire.

– Qui c'était ? demande-t-elle en désignant la tombe.

– Une vieille cousine à moi, dit-il. Elle vivait seule…

Elle s'approche un peu et murmure le nom gravé dans la plaque de marbre : *Albertine Masson.*

Il la regarde. Il se dit qu'elle sera plus jolie que sa mère. Elle a des cheveux d'un noir luisant et des yeux vifs. Sur le devant de sa robe, à hauteur des seins, une surpiqûre donne un peu de relief. C'est une robe qui a dû être confectionnée par sa mère.

Pour pouvoir être plus libre de ses mouvements, elle a fermé les trois boutons du bas de son gilet.

– C'est joli, Albertine, dit-elle. Mais pourquoi est-ce qu'il n'y a pas sa photo, comme pour maman ? Vous la mettrez bientôt ?

Il se contente de hocher la tête.

– C'est ta mère qui est enterrée là ?

– Oui, répond-elle simplement.

Il hoche à nouveau la tête, puis, paraissant s'étonner, il lui demande :

– Et ton père te laisse venir seule ici ?

Elle ne répond pas tout de suite. Elle paraît gênée par la question. Son regard reste fixé sur la tombe d'Albertine. Le vent soulève doucement le bas de sa robe. Elle porte des petits souliers noirs, vernis.

– Il est au travail, finit-elle par dire, sans le regarder. C'est un secret que j'ai avec la voisine. Je lui ai demandé de garder mon petit frère un moment, presque tous les jours, le temps que je vienne ici. Comme ça, après le collège, je peux arranger les fleurs sur la tombe de maman…

Elle relève les yeux, le regarde et demande :

– Elle est belle, comme ça, la tombe de maman, non ?

Il acquiesce.

– Elle est très belle, dit-il. C'est toi qui as choisi les fleurs ?

– Oui. Vous voyez ? Elles sont toutes rouges ou jaunes. Ce sont les couleurs qu'elle préférait.

Elle se met à sourire. Un sourire à la fois gai et triste.

– Celles-là, dit-elle, je vais les jeter bientôt. Ce sont celles qui restent du jour où on a fait l'enterrement. Les autres, je les ai cueillies dans un champ, près du collège.

– Et les fleurs en plastique ?

Son sourire se fige. Elle a une petite moue boudeuse avant de répondre :

– Ça, ce sont des fleurs que les amis de papa ont achetées, le vase aussi. Vous les trouvez belles, vous ?

Il les regarde un instant.

– Pas très belles, dit-il. Je préfère les tiennes. Mais ce qu'il y a c'est qu'elles vont durer longtemps.

Elle hausse les épaules.

– À quoi ça sert qu'elles durent longtemps puisque je vais venir tous les jours avec des bouquets de vraies fleurs comme celles-là ?

Un petit rire doux lui échappe. Elle ajoute, en lui lançant un regard malicieux :

– Il y en avait aussi des blanches et des violettes. Mais je les ai enlevées et j'ai gardé seulement les jaunes et les rouges. Papa ne s'en est même pas aperçu quand on est venu, dimanche dernier.

– Et qu'as-tu fait des autres ?

Elle lève la main en direction des tombes d'une autre allée.

– Je les ai mises à celles qui n'avaient pas de fleurs.

Elle s'interrompt un instant, fixe la tombe de sa mère, et reprend :

– Je n'aime pas non plus les couronnes. Mais elles, je ne peux pas les enlever parce que papa se fâcherait. Lui, il aime bien les couronnes. C'est lui qui les a choisies, au magasin.

Elle s'approche de la tombe, se penche vers l'une d'elles et la déplace légèrement sur la droite.

Il la regarde faire, amusé. On sent déjà en elle la future petite femme d'intérieur qui aime que chaque chose soit bien à sa place.

Elle se redresse, se recule un peu, pour juger de l'effet, puis, satisfaite, elle se tourne vers lui.

Il lui demande alors :

– Dis-moi, est-ce que tu voudrais faire plaisir à ta mère et à ma cousine Albertine en même temps ?

Elle paraît surprise par la question. Elle jette un regard vers la tombe d'Albertine.

– Oui, bien sûr. Pourquoi ?

– Eh bien, écoute, lui explique-t-il, j'aimerais bien, moi aussi, faire comme toi et venir tous les jours sur la tombe de ma cousine. Mais je suis très occupé. Je n'ai pas le temps. Alors, si tu veux bien, je me dis que tu pourrais peut-être prendre soin des deux tombes à la fois, quand tu viendras.

La petite l'a écouté attentivement. Elle a glissé ses mains dans les poches de son gilet. Il lui fait penser à Marie-Lise, l'infirmière.

Il poursuit, en lui souriant :

– Si tu es d'accord, je vais te donner de l'argent que tu garderas avec toi, et quand tu n'arriveras pas à cueillir assez de fleurs pour les deux tombes, tu pourras en acheter chez le fleuriste. Tu sais, là, près du cimetière.

Elle hoche la tête.

– Comme ça tu pourras en choisir de très belles.

Le regard de la petite s'est mis à briller. L'idée semble lui plaire. Un sourire illumine son visage. Elle est sur le point de répondre, mais, tout à coup, une ombre passe dans ses yeux.

– Il faut beaucoup d'argent pour acheter des fleurs chez le fleuriste. Et puis je ne sais pas si mon père voudra…

– Comment t'appelles-tu ? lui demande-t-il alors.

– Marie-Hélène, répond-elle.

Il a un petit sursaut.

– Marie-Hélène, répète-t-il étonné.

Elle fronce les sourcils.

– Oui, vous n'aimez pas mon nom ?

Il a aussitôt un geste de la main, comme pour écarter tout malentendu.

– Si, si, dit-il. Je l'aime beaucoup.

Il la fixe un instant et ajoute :

– J'ai très bien connu une Marie-Hélène… Elle se faisait appeler Mylène.

La petite se met à rire gaiement.

– Moi aussi, s'exclame-t-elle. C'est comme ça que mon petit frère et que mes camarades m'appellent. J'aime bien. Je trouve ça drôle.

Son regard se reporte sur la tombe de sa mère. Elle montre du doigt la plaque de marbre gravée.

– Vous avez vu ? demande-t-elle. On a un nom espagnol. On a de la famille en Espagne. Quand j'y vais l'été, pendant les vacances, vous savez comment ils m'appellent là-bas ?

– Non, dit-il, comment ?

– Ils m'appellent tous Maria-Éléna. C'est joli aussi, Maria-Éléna, vous trouvez pas ?

Il fait distraitement oui de la tête. Il pense à autre chose.

Elle s'en aperçoit. Elle baisse alors les yeux, un peu vexée, et elle se met à racler légèrement le sol du bout de son petit soulier noir.

– Écoute Mylène…, dit-il.

Elle relève la tête.

–… Je vais te donner de l'argent, pas mal d'argent. Suffisamment pour que, quand tu n'auras pas pu cueillir assez de fleurs, tu puisses en acheter sans problème. Mais cet argent, il faudra que tu le caches. Ça sera un secret entre toi et moi. Il ne faudra le dire à personne, et surtout pas à ton père, d'accord ?

La petite le regarde sans rien dire.

Elle ne paraît pas encore convaincue. Elle réfléchit un moment.

Il attend patiemment la réponse.

– Oui, ce serait bien, dit-elle enfin. Mais, vous savez, mon père va se demander d'où viennent toutes ces jolies fleurs quand il les verra sur la tombe de maman.

– Il pensera sûrement que ce sont des amis à lui qui les ont apportées, la rassure-t-il. Et puis, de toute façon, tu n'en achèteras pas à chaque fois. Seulement les jours où tu n'auras pas eu le temps de faire des bouquets.

Elle hoche la tête, encore dubitative.

Il s'interrompt un moment, pour lui laisser le temps de réfléchir.

Il voit tout à coup son visage s'éclairer de nouveau.

–… Ou alors, dit-elle, je les mettrai toutes sur la tombe d'Albertine le samedi, pour que le dimanche il ne les voie pas sur celle de maman.

– C'est une très bonne idée, la félicite-t-il. Alors qu'est-ce que tu en penses ? Tu es d'accord ?

Elle lui sourit, très heureuse d'avoir trouvé une solution.

Il n'y a plus le moindre soupçon de tristesse sur son visage.

– Oui, dit-elle. On va faire comme ça.

Elle regarde un moment la tombe d'Albertine et les grands bouquets qui l'ornent.

Puis elle le regarde, lui, et elle dit :

– Mais il faut que je sache quelles couleurs elle aimait…

– Qui ça ? demande-t-il. Albertine ?

– Oui, confirme-t-elle. Albertine. Vous le savez, vous ?

Il fait semblant d'hésiter un instant, puis il déclare, sûr de lui :

– Elle aimait beaucoup, elle aussi, le rouge et le jaune.

13. À QUI DE DROIT

Il compose le numéro que vient de lui donner le service des renseignements.

Dès la première sonnerie, on décroche.

Il demande à parler à monsieur Delgado.

– José ? lui répond-on. Mais c'est qu'il est à la réserve. C'est personnel ?

– Oui, dit-il. C'est personnel.

– Alors il va falloir que vous attendiez un moment. Je vais le faire appeler…

Il dit qu'il peut attendre.

Il est allongé sur son lit.

Il tend le bras, prend le paquet de cigarettes et le briquet posés sur la table de nuit, lâche un instant le combiné, en allume une.

L'attente se prolonge.

Il entend, à l'autre bout du fil, un bruit de voix et les échos d'une musique. Il imagine sans peine les clients déambulant entre les rayons, poussant devant eux leurs chariots dans les allées du magasin.

Il se dit que s'il n'a pas vu le mari de Carmen, il aura au moins entendu sa voix.

Il avait pourtant prévu de se rendre, un soir, à l'Uniprix du Val-Fleuri. À l'heure de la fermeture. Il aurait cherché à deviner, parmi les employés quittant l'établissement, lequel pouvait bien être le père de la petite Mylène.

Le carnet jaune à spirale est posé sur son ventre.

Une voix, toujours la même, lui dit de ne pas quitter. Qu'on est allé prévenir José Delgado. Qu'il va arriver.

De nouveau l'attente, les éclats de voix et la musique en sourdine, avec, en plus, de temps en temps, les cliquetis des caisses enregistreuses.

Il regarde monter la fumée de sa cigarette.

Le cendrier est posé sur le bord du lit. Il est plein de cendres et de mégots.

Il se dit qu'il fume trop, ces temps-ci. Qu'il devrait se mettre à fumer des cigarillos. Comme Martin. Que c'est moins nocif.

– Ne quittez pas, lui dit à nouveau la voix. Monsieur José arrive.

Il se doute que José Munoz Delgado, magasinier à Uniprix, doit être en train de penser qu'il s'agit encore d'un appel de la police. Il a dû en recevoir plus d'un ces derniers temps…

– Allô ?

Il se redresse sur le lit.

– Allô ? répète la voix.

– Monsieur Delgado ? demande-t-il.

– Oui. C'est moi…

Cet homme a une voix grave, presque rocailleuse.

– Excusez-moi de vous déranger dans votre travail, dit-il. Je vous appelle au sujet de votre fille.

– Ma fille ? Marie-Hélène ?

Il s'inquiète aussitôt :

– Qu'est-ce qu'elle a ? demande-t-il. Elle a fait quelque chose ? Vous êtes un professeur du collège ?

Il note une pointe d'accent, typiquement espagnol, dans la façon de poser la voix à la fin des questions.

Il le rassure :

– Non. Non, pas du tout. Je suis l'un des gardiens du cimetière.

Il y a un silence au bout du fil.

– Voilà, explique-t-il, je voulais juste vous demander si vous êtes au courant que votre petite fille vient seule au cimetière, tous les après-midi.

– Ah ! Non. Je ne suis pas au courant.

– Je m'en doutais, dit-il.

– Mais vous vous trompez peut-être, remarque José Delgado. Ma fille, elle est au collège l'après-midi.

– Elle doit venir après. Entre cinq et six heures. Elle vient porter des fleurs sur la tombe de votre femme. Je trouve ça très touchant, pauvre petite. Mais ça m'inquiète aussi un peu.

Il s'interrompt un instant.

Monsieur José ne dit rien. Il attend la suite.

– Vous comprenez, poursuit-il alors. Une fillette de son âge, toute seule, c'est pas très prudent. Il y a quelques jours, j'ai vu un homme venir lui parler pendant qu'elle était devant la tombe de votre femme. C'est un homme que je n'avais jamais vu avant et j'ai été un peu inquiet pour la petite. Je les ai surveillés, de loin. Quand l'homme m'a aperçu, il est parti. Vous comprenez… On peut jamais savoir ce qui peut se passer. Je sais pas exactement ce qui est arrivé à votre femme, mais il faudrait pas qu'il arrive aussi quelque chose à votre fille…

Silence tendu au bout du fil.

Il n'entend que le bruit d'une respiration et les échos de la musique diffusée dans le magasin.

Il éteint sa cigarette dans le cendrier.

Comme le silence se prolonge, il ajoute :

–... C'est pour ça que j'ai tenu à vous appeler, monsieur Delgado. Vous savez, il y a très souvent des gens bizarres qui viennent au cimetière. Des gens qui n'ont même pas de parents enterrés là. C'est un lieu qui attire toutes sortes de personnes un peu... un peu déséquilibrées. Je sais pas pourquoi, mais c'est comme ça. Et mon collègue et moi, on peut pas être toujours là à surveiller toutes les allées. Je crois que vous devriez faire comprendre à votre petite que ça peut être dangereux pour elle.

–... Oui, répond-il enfin. Bien sûr. Mais je ne savais pas. Merci de me prévenir. Je ne comprends pas pourquoi elle fait ça. Je les emmène, elle et son frère, voir leur mère au cimetière chaque dimanche...

– C'est normal, dit-il. C'est une petite fille qui aimait sûrement beaucoup sa maman... Mais maintenant que je vous l'ai dit, faites-la accompagner par quelqu'un, ce serait plus sûr.

Sur un ton sec, José Delgado répond qu'il n'en est pas question.

Il ajoute que sa fille n'ira plus au cimetière que le dimanche. Avec lui et son petit frère. Qu'elle n'a rien à faire là-bas les autres jours. Qu'elle doit être à la maison. Qu'elle doit faire ses devoirs de classe et garder son frère en attendant que lui revienne du travail. Qu'elle lui a donc menti tous les jours, et qu'elle a même appris à son frère à mentir aussi puisque le petit ne lui a rien dit. Et cetera, et cetera.

Il finit par laisser libre cours à sa fureur. Il crie presque dans le combiné. Il est clair que la mort de sa femme lui a mis les nerfs à vif.

Lui, il écoute sans rien dire. Il note seulement que la colère fait ressortir encore plus l'accent espagnol de José Delgado. Les « *r* » se sont mis à rouler et les accents toniques se sont subitement déplacés. Il s'étonne qu'un accent aussi prononcé n'ait pas déteint sur la petite.

Il cherche à le calmer.

– Ne lui en veuillez pas, monsieur Delgado. Elle ne fait rien de mal. Dites-lui que je prendrai moi-même bien soin de la tombe de sa mère. Qu'elle ne s'inquiète pas. Après tout, nous sommes là pour ça, mon collègue et moi. Pour entretenir les allées et les tombes.

Le père de la petite Mylène cesse enfin de s'emporter. Il reprend un ton plus posé pour le remercier, encore une fois, de l'avoir prévenu.

Avant de raccrocher, il lui demande de le rappeler si jamais il voyait de nouveau sa petite venir seule au cimetière.

– Oui, bien sûr, répond-il. Je ne manquerai pas de le faire.

Ils raccrochent en même temps.

À présent, il se sent rassuré.

La petite Mylène ne se laissera plus aller à parler à des inconnus.

Il se demande seulement ce qu'elle va bien pouvoir faire de tout cet argent qu'il lui a donné pour acheter des fleurs rouges et des fleurs jaunes…

Vers onze heures, comme chaque jour, il a entendu mademoiselle Lambert quitter son appartement.

Il est allé au judas. Il l'a vu passer devant chez lui, un panier à la main.

De la fenêtre, il l'a aperçue enfilant la rue face à l'immeuble.

Il sait qu'elle en a pour une bonne heure à faire ses courses. Il ne veut pas qu'elle le voit partir.

Il ne lui reste qu'à appeler un taxi. Il connaît par cœur le numéro d'appel.

On lui en promet un. Dans une dizaine de minutes.

Il se lève, emporte le cendrier jusqu'au vide-ordures et y jette les mégots. Puis il allume le plafonnier et va ouvrir la fenêtre.

Dans la rue, il bruine toujours. Le ciel est d'un gris uni.

Il n'y aura sans doute pas d'éclaircie avant le soir.

C'est encore une journée à passer au fond de son lit.

Il ferme les volets. Sans regret aucun.

Il lave ensuite dans l'évier sa tasse à café, la soucoupe, la petite cuillère, le cendrier, et il les pose sur l'égouttoir.

Puis il regarde une dernière fois autour de lui. Tout est en ordre.

Il jette un coup d'œil à sa montre.

La petite valise noire et le sac sont posés près de la porte.

Il allume alors le poste de radio, choisit une fréquence bien précise et règle le volume. L'air de la pièce se met à vibrer au rythme violent d'une musique techno.

Ce n'est pas le genre de musique qu'il écoute habituellement.

Il revient à la fenêtre.

Par l'interstice entre deux lattes du volet, il aperçoit un taxi qui manœuvre pour se garer, entre deux voitures, le long du trottoir. Deux coups de Klaxon.

Il ne va pas faire attendre le chauffeur.

Il a reconnu la voiture. C'est un taxi qui l'a emmené plusieurs fois, le dimanche, à l'hospice. Il se dit qu'il aura plaisir à discuter un peu avec le chauffeur, sur le trajet jusqu'à la gare.

Son train part dans à peine trois-quarts d'heure. Il aura peut-être le temps de boire un demi, au comptoir du buffet.

La musique de la station FM est assourdissante. Il ne lui arrive jamais de l'écouter aussi fort.

Il vérifie une fois de plus que l'argent, le passeport et les billets sont bien dans la sacoche. Il se sent un peu nerveux. Il regrette d'avoir fini, la veille au soir, la bouteille de cognac. Une petite gorgée maintenant lui aurait fait du bien.

Il enfile son blouson, va chercher le paquet de cigarettes, le briquet et son petit carnet jaune à spirale qui sont restés sur le lit. Il les glisse dans les poches de son blouson.

Il s'empare de la sacoche, passe la lanière autour de son épaule.

Puis il gagne la porte, éteint le plafonnier, pousse du pied sur le palier la valise et le sac.

Il referme la porte derrière lui. À double tour. Les deux serrures.

De l'escalier, il entend encore vaguement les échos de la musique.

Il sait que dans le silence du soir et de la nuit elle prendra de l'ampleur.

Lorsqu'ils finiront par se décider à forcer la porte et qu'ils rentreront, ils se poseront sûrement la question de savoir comment il se peut qu'il ait oublié d'éteindre la radio avant de partir. Surtout en l'ayant mise à un tel volume.

Il se demande combien de temps, ce soir, mademoiselle Lambert supportera le tintamarre, avant d'aller se plaindre à qui de droit.

TABLE

Achevé d'imprimer
sur les presses de
l'Imprimerie France Quercy
113, rue André Breton
46001 CAHORS
d'après montages et gravure
numériques
(Computer To Plate)
Dépôt légal : août 1999
Numéro d'impression : 91862